MW01289155

1

SANAR
LO
NOMBRADO

Para Juliana.-

Rafael Antonio Abreu

3

Con profundo aprecio y gratitud

para

todos los lectores de

"Nombrar para Sanar".

ÍNDICE

SIGLAS Y ABREVIATURAS

OBRAS DE SANTA TERESA DE JESÚS:

C = Camino de Perfección.

(CE = Camino de Perfección, autógrafo de El Escorial).

(C = Camino de Perfección, autógrafo de Valladolid).

Cta = Carta.

F = Fundaciones.

M = Moradas (1M, 2M, 3M, 4M, 5M, 6M y 7M = primeras moradas, segundas moradas, etc.).

V = Vida.

INTRODUCCIÓN

"Todos estamos heridos, pero todos podemos sanar." Así comenzábamos la introducción de nuestro anterior libro "Nombrar para Sanar". El contacto con miles de personas, durante estos últimos meses, me ha confirmado esta certeza inicial. El hambre, la sed, el anhelo profundo, el deseo imperioso y urgente de sanación interior está vivo en muchos corazones.

Como respuesta a esa necesidad profunda, el Señor Jesús me ha inspirado a escribir. Inicialmente, pensaba escribir sólo un libro. A medida que iba escribiendo ese eventual "primer y único libro" (así lo pensaba yo), caí en la cuenta de que se trataba de algo más grande.

¡Un libro no iba a ser suficiente! Hacía falta dos libros: uno para ayudar a diagnosticar nuestras heridas, nombrarlas, reconocerlas, identificarlas y aceptarlas; y, otro, para comenzar un proceso serio, profundo y práctico de sanación interior profunda.

El primero de esos libros "Nombrar para Sanar", fue publicado hace cuatro meses. La acogida ha sido formidable y sorprendente. ¡Ha hecho mucho bien! Confío en que lo siga haciendo.

Cada día me llegan testimonios fuertes y hermosos de cómo muchísimas personas se han encontrado consigo mismas, han comenzado a identificar sus heridas interiores, y ha despertado en ellas la conciencia y esperanza de la posibilidad real de la sanación interior. En esas páginas se ha colado el frescor del Espíritu. ¡Están untadas de su Presencia!

Aunque no me gusta "dar por supuesto", "supongo" que ya has leído ese primer libro. ¡Sería lo lógico y coherente! La idea es que leyendo "Nombrar para Sanar" identifiques y aceptes tus heridas interiores, y así estés en la disposición adecuada y necesaria para comenzar el proceso terapéutico, a través del presente libro.

Ahora te entrego este segundo libro, "Sanar lo Nombrado".

"Sanar lo Nombrado" consta de cuatro capítulos: 1) *¿De verdad, quieres sanar?*; 2) *Jesús, nuestro modelo y meta*; 3) *transformación de las heridas en perlas preciosas*; y, 4) *la oración que sana y transforma*.

Se trata de preguntarnos por las motivaciones y deseos reales de sanación interior; identificar nuestra meta, a dónde queremos llegar; ir más allá de una mera sanación, hasta la total transformación; y, vivir un proceso "orante" que nos sane, integre, madure y humanice totalmente. ¡La meta es la plenitud!

"Sanar lo Nombrado" es necesario, pero insuficiente. ¡Hace falta más! Por eso, el Señor ha puesto en mi corazón la necesidad de escribir toda una serie de libros para acompañar tu proceso de sanación interior profunda. ¡No uno, no dos... muchos!

Sincera y honestamente, tengo que confesarte que no sé cuántos libros escribiré. ¡Sólo el Señor Jesús lo sabe! ¡Me sujeto en todo a su parecer y voluntad!

El próximo libro de la serie será sobre la terapia de la "noche oscura". Nos guiará Juan de la Cruz.

¡Sólo la "noche" puede sanar las raíces inconscientes más profundas de nuestras heridas interiores!

Para cuando termines de leer este libro, ya *¡Fuego Sanador!* *Terapia de la "noche oscura"*, estará esperando por ti.

Ahora, invita a Jesús a recorrer contigo las páginas de este libro que con mucho amor te dedico.

CAPÍTULO 1

¿De verdad, quieres sanar?

CAPÍTULO 1
¿De verdad, quieres sanar?

En el capítulo 5, a la altura de los versículos 5 y 6, el evangelista Juan nos sorprende con una pregunta puesta en labios de Jesús. Leamos:
"Había allí un hombre que llevaba treinta y ocho años enfermo. Jesús, viéndole tendido y sabiendo que llevaba ya mucho tiempo, le dijo: ¿quieres sanarte?".[1]

La pregunta parece tonta y la respuesta obvia. Lo primero (tontería) a causa de lo segundo (obviedad). Pero si miramos y pensamos detenidamente la cuestión, nos percataremos de que no es así: ni la pregunta es tan estúpida como parece, ni la respuesta tan evidente como podemos suponer.

Jesús nunca haría una pregunta estúpida. Normal y naturalmente, sólo un estúpido pregunta estupideces, y Jesús está en las antípodas, en el extremo contrario, de esa realidad y posibilidad: es un hombre brillantemente inteligente y profundamente sabio. Es válida la pregunta y necesaria la respuesta.

No obstante, uno no deja de preguntarse: ¿cómo no va a desear sanar alguien que tiene 38 años enfermo? Quizá no lo desee, justamente, a causa de la duración y prolongación de su

---

[1] Jn 5, 5-6.

17

enfermedad. Después de tanto tiempo enfermo, prácticamente toda una vida,[2] ¿acaso este hombre no se habría "resignado" y acostumbrado tanto a su enfermedad que ya la asumía como "normal"[3] y parte constitutiva de su persona?

Cabe la posibilidad de que alguien que no tiene conciencia de cómo es estar y sentirse sano se identifique a tal grado con su enfermedad que la asuma, experimente e integre como parte de su auto-percepción e identidad personal.

Hay personas que se auto-perciben y presentan antes los demás, más o menos, en los siguientes términos: "Hola, soy un enfermo...". Si le cuestionamos la enfermedad, o se la curamos, es casi como cuestionarle o robarle su identidad, una parte importante de lo que son, exponiéndole al vértigo confuso de una experiencia radicalmente nueva: la salud, el bienestar.

Muchísimas personas nunca han experimentado una serena sensación de bienestar, armonía y equilibrio psico-afectivo, físico, moral, espiritual, existencial. Y tú, ¿lo has experimentado?

Aunque parezca evidente lo contrario, no todo enfermo desea sanar, ni toda enfermedad se

---

[2] En el siglo I la media de edad en la región del mediterráneo era alrededor de 30 años.

[3] Por supuesto que lo "normal" para unos puede ser "a-normal" para otros.

interpreta, por quien la padece,[4] como necesariamente perjudicial. Muchas personas, consciente o inconscientemente, hacen un pacto, una alianza beneficiosa, con sus enfermedades.

A propósito del "tiempo", Agustín de Hipona decía: si no me lo pregunto, creo saber qué es el tiempo, pero si me lo pregunto, ya no lo sé. Sucede lo mismo con el tema de la sanación. Si no me lo pregunto o preguntan, es evidente que deseo, anhelo y quiero sanar. Pero, si me lo pregunto y planteo (profunda, seria, directa y honestamente), quizá no esté tan clara, ni sea tan obvia, la respuesta. En este punto es necesario ser honestos, sincerarnos con nosotros mismos.

Nuestra sanación, sorprendentemente, encuentra resistencia en nosotros mismos, en nuestra interioridad, allí donde se juega y define lo esencial y crucial de la existencia. Por otra parte, podemos encontrar mucha resistencia externa, en el ambiente, en aquellos que nos rodean. A los demás no necesariamente les gusta o conviene que sanemos interiormente.

Una persona interiormente sana (en su mente, voluntad, memoria, afectividad, sexualidad, espiritualidad, moralidad, auto-estima, auto-imagen…) es más difícilmente manipulable o manejable a antojo y capricho ajenos.

---

[4] El enfermo "padece" la enfermedad, pero, ¿quién "padece" al enfermo?

19

Con frecuencia es más rentable o conveniente la enfermedad que la sanidad de los otros. Y no sólo me refiero a los grandes emporios farmacéuticos y hospitalarios, sino también a los pequeños intereses afectivos, relacionales, o de cualquier otra índole.

Siendo niño escuché a un anciano la siguiente historia:

Cada dos días iba un rico hacendado a la pequeña farmacia de su pueblo. Una insistente molestia en el oído izquierdo era la razón de la ya acostumbrada visita. El dueño de la farmacia depositaba en el oído tres gotas de una misteriosa medicina y la molestia cesaba momentáneamente.

El boticario había quitado la etiqueta a un frasco que contenía un potente sedante. La medicina no se vendía para llevar a casa. El "paciente" tenía que ir a la farmacia y pagarle al dueño para que le colocara las "mágicas gotas" del "divino elixir".

Una mañana, el dueño salió y su hijo quedó encargado de la farmacia. Como de costumbre, vino el mortificado y desesperado hacendado. El muchacho tomó una linterna, inspeccionó el oído y diagnosticó: "Usted no tiene una extraña enfermedad ni un hongo, sino una garrapata viva en el oído".

Extrajo la garrapata y problema resuelto. El viejo hacendado regresó a su casa feliz por la imprevista sanación, a la vez que muy enojado con su "amigo", el boticario.

Por la tarde regresó el boticario y el hijo le contó el suceso de la mañana. El papá quería matarlo. El muchacho no comprendía la razón del enojo. El inescrupuloso papá le dijo: "Acabamos de perder a nuestro mejor cliente. Esa garrapata pagaba tu universidad".

El boticario no resolvía el problema, no sacaba la garrapata, porque no le convenía, no le era rentable. De la misma manera sucede en diferentes ámbitos de la vida en lo referente a las heridas, vacíos y traumas interiores.

Existen parejas cohesionadas y coaccionadas por la "garrapata": enfermedad, heridas y vacíos psico-afectivos. Muchas parejas permanecen unidas en la mentira.

Con frecuencia los miedos son la base movediza de la aparente unidad y proyecto en común. ¡Cuántas personas se humillan, sufren lo indecible y pierden la conciencia de su dignidad, por miedo a la soledad o al abandono! Recuerdo a Yanet.

Yanet es la tercera de cuatro hermanos. Su papá abandonó a María Ángeles (su mamá) cuando ella tenía 10 años. El fantasma del abandono la ha acompañado toda su vida. A los 15 años tuvo un primer novio. Ernesto tenía 25 años. Yanet siempre se fijaba y enamoraba de hombres mucho mayores que ella. Buscaba un padre, el suyo, en cada novio que tuvo. La "relación" con Ernesto duró tres meses. El miedo de Yanet a ser abandonada por él, los celos enfermos, le jugaron en contra. Él se sintió asfixiado y la dejó.

¡El miedo a ser abandonada provocó el abandono! ¡Cuidado con lo que más temes, porque se puede realizar!

A los 21 años, ya Yanet ha tenido 6 novios. En todos los casos la historia ha sido la misma: el horrible miedo a la posibilidad del abandono que termina haciéndose realidad. Pero su último noviazgo, de dos años de duración, ha sido el más tétrico, enfermizo y degradante.

Javier supera la edad de Yanet por 17 años. Para ella ha sido la imagen perfecta de todo lo perdido y anhelado. Por "amor" a él (en realidad, por "miedo" a perder lo que él le significaba a la luz de sus heridas y carencias), ella ha buceado, una y mil veces, en el estiércol de la humillación, degradación e indignidad.

Aguantó golpes, insultos, humillaciones públicas, maltrato verbal, etc. Él, también con una historia destrozada, se sentía seguro, poderoso y confiado. Su "falsa seguridad" estaba cimentada sobre las heridas de Yanet, porque "ella nunca osaría perder a un hombre como él".

Un viernes, destrozada en su interioridad y golpeada físicamente, Yanet se fue de casa. Una amiga, de camino a uno de nuestros retiros de sanación interior, la encontró vagando por la calle. Se detuvo, la abrazó, escuchó, y sin preguntar ni admitir un "no" como respuesta, la trajo al retiro.

La amiga me compartió la situación. La acogimos, le conseguimos ropa y artículos de aseo personal para que se pudiera quedar interna en el retiro. Fuimos testigos de una sorprendente liberación. El domingo, cuando terminó el retiro, Yanet se veía distinta: tenía brillo en los ojos, esperanza; esa luz que sólo puede conferir la gracia. ¡Un auténtico encuentro con el amor misericordioso de Jesús hasta el color de la piel nos cambia!

Yanet jamás regresó a la casa de Javier. Ni siquiera recogió sus pertenencias más personales. Retornó a la casa materna.

Javier aún hoy, dos años después, la sigue buscando, llamando, enviando mensajes de texto, de *WhatsApp*. La ha amenazado con matarla, matarse él. Todo infructuosamente. Era una pareja unida por el miedo, no por el amor. El miedo que los unía, a medida que ella sanaba, se disipaba.

He encontrado muchas parejas en una situación similar a la de Yanet y Javier: unidas en sus heridas. Si sana la herida que los une, la separación podría imponerse. Otras veces, las heridas que unen a una pareja son las mismas que terminan separándola. Les comparto el caso de Lázaro y Marianela.

Ambos estaban casados con otras personas. Se conocieron en la escuela de sus hijos. Entre ellos fue creciendo la atracción de lo prohibido. El brioso "corcel que agita las ganas" les jugó una mala pasada. Cupido los flechó a traición. Fueron infieles a sus parejas. Cada uno se separó y obtuvo el divorcio civil. Se mudaron juntos.

¡A los siete meses se separaron! Lo mismo que los unió, los separó: la infidelidad. Lázaro conoció a otra mamá de la escuela y ahora estaba "perdidamente enamorado de ella", como anteriormente lo había estado de Marianela. No supe más de él. Espero que no se haya roto otro matrimonio.

Las motivaciones se purifican y transforman a lo largo y ancho del corazón y de las relaciones. Conozco parejas que se unieron, inconscientemente, por sus heridas y vacíos, y con el paso del tiempo fueron sanando, transformando y transfigurando, tanto las heridas como la relación. Con trabajo y dedicación se fue purificando la motivación y adquiriendo validez, madurez y solidez la relación.

Con frecuencia encontramos relaciones del tipo "cóncavo-convexo": lo que le sobra a uno encaja perfectamente con lo que le falta al otro. Esto podría darse en múltiples ámbitos y dimensiones. También se da en lo referente a las heridas y vacíos. Esto le sucede a Luís y Yoly.

Luís es autoritario, prepotente, orgulloso, soberbio. Yoly es tímida, sumisa, exageradamente obediente, dócil. En sus heridas y disfuncionalidades, se entienden y han logrado forjar una relación relativamente estable (¿estable en la gravedad?). Ambos tenían serios problemas de auto-estima y auto-imagen. Cada uno lo manifestaba a su manera: él por exceso y ella por defecto.

Con frecuencia, la resistencia fundamental para desencadenar un proceso continuo, profundo, fructífero y serio de sanación interior está en nosotros mismos: *somos nosotros mismos*. Aquellos que nos rodean, con quienes con-vivimos, pueden intentar obstruir nuestra sanación interior, pero no impedirla irremediablemente.

Si tú decides sanar, tus circunstancias ambientales pueden ofrecer resistencia, pero no impedírtelo. La responsabilidad última siempre recaerá sobre ti. Ciertamente, existen situaciones que dificultan el proceso y lo hacen especialmente complejo. Pero no lo pueden detener. Nadie puede impedirte, aunque lo pretenda e intente, superar tus miedos, sanar tus heridas, reconciliarte contigo, asumir tu historia, re-educarte.

No mires hacia fuera. Observa dentro de ti. Sumérgete en el laberinto de tu alma, en las profundidades de tu corazón, en los recovecos de tu interioridad. El responsable último de tu decisión de sanación, no está a tu lado, sino muy dentro: eres tú. Tú y solo tú, puedes decidir sanar.

En psicología se habla de "ganancias ocultas" y de "recompensas secretas" del "estar", "sentirse" o "aparentar estar" enfermo. Esto no se refiere a los dolores o molestias físicas, claro está; para lo cual buscamos remedio y alivio urgentes, debido al sufrimiento que nos causan; pero del ser, estar, sentirnos y aparentar que estamos enfermos no queremos con frecuencia curarnos.

Abundan los enfermos manipuladores. Es común que las personas enfermas se victimicen y creen vínculos co-dependientes con los que le circundan. Una vez que las personas prueban el traicionero manjar de los beneficios de la "condición" de enfermos, no todos desearán superar esa situación.

El "enfermo" se convierte en soberano dictador de la voluntad, atenciones, tiempo y servicios de todos. Esto se da, por ejemplo, en el caso de los niños huérfanos o que sólo viven con uno de sus padres. Como las personas suelen "apiadarse", "condolerse" de su situación, delante de ellos, hábilmente lo pueden convertir en una poderosa arma y estrategia de defensa y ataque, capaz de desarmar al más insensible. Cuando hace algo reprobable, apela a su orfandad o condición de abandonado para que se apiaden y conduelan de él.

No digo que faltemos a la compasión y misericordia. Lejos de mí tal pretensión. Sí adviero de la posibilidad de crear monstruos manipuladores de muchos y largos tentáculos en el seno de las familias.

¡No existe nada más saludable que una enfermedad bien administrada! El Padre Camilo Maccise, quien fuera superior general de la Orden de los Carmelitas Descalzos, solía decir: *"Fraile enfermo, fraile eterno"*. Esto podemos parafrasearlo y decir: "Esposo enfermo, esposo eterno"; "suegra enferma, suegra eterna"; y, así, sucesivamente…

Las personas que cada día padecen o inventan nuevas enfermedades, no se mueren nunca.

¡Bienaventurados los hipocondríacos, porque ellos verán morir a muchos!

Existen otros que se sanan "milagrosamente" hasta de lo inexistente e inimaginable.

En ese sentido, recuerdo a Sabino. En su parroquia había cada jueves misa de oración por los enfermos. Sabino siempre en primera fila. A cada "palabra de conocimiento"[5] Sabino levantaba la mano. Enfermedad existente, enfermedad de la que el Señor liberaba, milagrosamente, a Sabino.

En cierta ocasión, el sacerdote dijo: "*El Señor está sanando aquí a alguien de un problema de la matriz*". ¿Adivinan quién era el portador de esa matriz, y levantó la mano para confirmar su sanación? Sí, nuestro gracioso y querido Sabino.

¿Cuál podría ser la finalidad y objetivo de inventar enfermedades, heridas o vacíos? ¿Acaso dar lástima, mover a compasión, victimizarnos para que se conduelan de nosotros y nos sirvan? ¿Será que la persona está demandando atención, utilizando la dolencia o enfermedad como una manera de hacerse

---

[5] La "palabra de conocimiento" consiste en una inspiración del Espíritu Santo mediante la cual una persona recibe información, "conocimiento", sobre otra persona o situación.

notar? No digo que sea el caso de Sabino, pero tal vez podría ser el nuestro.

¡Cuántas personas se quejan de sus enfermedades (reales o no) para eludir trabajo, les presten atención, consientan y preparen su comida favorita!

Muchas veces no queremos las molestias, limitaciones e impedimentos que una enfermedad trae consigo, pero sí la enfermedad y sus beneficios. Queremos la morfina, pero no el bisturí. Tomamos analgésicos para eliminar molestias, pero dejamos intacta la raíz del mal.

Algunas expresiones de la vida cotidiana evidencian que no existe un deseo real de sanación interior. Por ejemplo, cuando alguien dice: "Yo soy así y así moriré"; o, cuando nos refugiamos en aquella falaz mentira de: "Yo nací así". Es una actitud que niega la posibilidad de la conversión, sanación y maduración.

En nuestras vidas casi todo es transformable y re-educable. En filosofía se distingue lo "necesario" (esencial, sustancial) de lo "contingente" (accidental).

Lo "necesario" es aquello que no puede ser distinto que lo que es; lo que no puede cambiar; la esencia que confiere identidad.

Lo "contingente", accidental, es todo aquello que puede cambiar porque no es esencial.

En la vida humana lo "necesario" (lo que no puede cambiar) es muy poco, lo "contingente" (lo cambiable, sanable, re-educable, transformable) es prácticamente todo.

¿Qué no puedo cambiar? No puedo dejar de ser una persona humana, no puedo dejar que ser yo. Pero, sí puedo tener más paz interior, sí puedo ser más amable, sí puedo estar impregnado de dulzura y experimentar la libertad interior. ¡Sí puedo sanar!

¡Si quiero, puedo sanar!

Nombrar nuestras heridas, chocar con nuestra verdad y realidad, estar desnudos ante Dios, ante los demás y ante nosotros mismos, da mucho miedo.

En el relato del Génesis se cuenta cómo tras actualizar la posibilidad del pecado, Adán y Eva se escondieron de Dios. Cito: *"Yahvé Dios llamó al hombre y le dijo: '¿dónde estás?' Éste contestó: 'te he oído andar por el jardín y he tenido miedo, porque estoy desnudo; por eso me he escondido'"*.[6]

Vernos, experimentarnos, tales cuales somos o estamos, hacer consciencia de nuestra vulnerabilidad y fragilidad, es terrorífico. Lo es, hasta que nos aceptamos y reconciliamos con nuestra verdad; especialmente, con nuestros "aguijones", "islotes irredentos" y miserias.

¡Es comprensible! Da pavor encontrarnos con nuestros infiernos abiertos. En una famosa serie española, al mundo herido, miserias, vacíos, etc. se le llama *"cajón de mierda"*. ¡Ni más ni menos! El estiércol, mientras más se mueve, peor huele. Por

---

[6] Gen 3, 9-10.

eso, a veces, preferimos dejar las cosas como están, no abrir ese "cajón", ni mover esas "materias".

Quizá deseamos sanar, pero nos aterra el "proceso". Volver a encontrarnos con nuestros fantasmas, despertar difuntos, remover cenizas, mover estiércol, recordar cosas tan dolorosas... cuesta mucho. Hay que ser valientes para afrontar, asumir y desencadenar un proceso de sanación interior con todas sus consecuencias e implicaciones.

Una vez que pienses y ores seriamente la pregunta en torno al deseo real de sanación; en caso de respuesta afirmativa, te invito hacerte otras dos preguntas: *¿por qué deseas sanar? ¿Para qué deseas sanar?*

La primera pregunta ("¿por qué?") se refiere a la razón: ¿qué te mueve a realizar un proceso de sanación interior? Es una pregunta típicamente filosófica. Es necesario dar razón de tu deseo de sanación interior.

Para ello, hemos de mirar al pasado y al presente: ¿qué me ha sucedido y qué me está sucediendo como para que desee y busque sanar interiormente? Es lo que hemos intentando hacer a través de nuestro primer libro: *Nombrar para Sanar*.

La segunda pregunta ("¿para qué?") dice relación al "sentido": ¿a dónde deseas llegar? ¿Cuál es la meta? ¿Qué sentido u orientación deseas dar a tu vida? Es una pregunta espiritual, teológica. Sólo con un "sentido" podemos lograrlo. Para ello, hemos de proyectarnos a futuro: ¿cómo te ves a futuro?

Sin una razón (un por qué) y un sentido (un para qué), no podremos comenzar el proceso y mucho menos perseverar en el mismo hasta alcanzar la meta anhelada. Necesitamos una motivación sólida, permanente, flexible, trascendente, interior, exterior.

Sólida. Que sea capaz de resistir los vendavales emocionales, dudas e inquietudes que se levantarán frecuentemente en el proceso.

Permanente. No basta una motivación inicial. Necesitamos una motivación continua, constante (como todo lo que realmente importa en la vida). Hay que mantener vivo el deseo y consciente la promesa. Para ello quizá ayude volver, una y otra vez, a la razón y al sentido.

Flexible. Motivación en construcción permanente; siempre en búsqueda; abierta a una constante transformación. La motivación inicial puede coincidir, o no, con la motivación intermedia y con la final. En todo ámbito o aspecto de la vida siempre es muy importante revisar, discernir, purificar y re-ajustar las motivaciones. Se va trabajando sobre la marcha.

Trascendente. Necesitamos que nos mueva algo, "Alguien", más grande y sólido que nosotros mismos. Es necesaria la espiritualidad, la vida en el Espíritu. Invitar al Espíritu sanador y dejar que nos mueva hacia adelante, hacia atrás, hacia arriba, hacia abajo, hacia dentro, hacia fuera.

Decía Henri Nouwen: *"En el lugar de nuestras heridas, en sus propios agujeros, está el lugar y la puerta para entrar hasta Dios"*. También podríamos afirmar lo inverso: en Dios está la puerta para entrar en lo profundo del mundo herido.

Interior (motivación *intrínseca*). La motivación esencial y fundamental ha de venir de lo más profundo de nuestro ser. Acoge el grito ahogado y desesperado de tu interioridad, capta sus voces, experiméntate y tócate en lo más profundo de ti. Entra en contacto con la sed de sentido, paz, amor, libertad. Juan de la Cruz dirá: *"Atención a lo interior"*. Teresa de Jesús afirmará: *"Que no estamos vacíos por dentro"*.

Exterior (motivación *extrínseca*). No somos interioridades etéreas y abstractas. Vivimos en sociedad. Los otros también nos interpelan. La familia, pareja, hijos, amigos, ministerios, etc. pueden también constituirse en motivación para la sanación. Siendo mejores y estando más sanos, daremos algo mejor a los demás.

Preguntas para la reflexión personal.

¿Deseas sanar?

¿Utilizas tus heridas como estrategia para manipular?

¿Por qué deseas sanar?

¿Para qué quieres sanar?

¿Qué, concretamente, te gustaría sanar? ¿Lo has intentado?

¿Quién no desea tu sanación? ¿A quién no le conviene? ¿Por qué?

¿Qué te une a tu pareja? ¿Qué los unió en el principio?

¿Cuáles son las características de tus motivaciones para sanar?

¿Cuál es la meta? ¿Hasta dónde deseas sanar?

CAPÍTULO 2

Jesús, nuestro modelo y meta.

CAPÍTULO 2
Jesús, nuestro modelo y meta.

"Yo he venido para que tengan vida y la tengan en abundancia".[7] En Jesús de Nazaret, maestro, modelo y guía ("Camino, Verdad y Vida") se cumplen plenamente estas palabras que el evangelista Juan pone en los labios del más humano de los hombres.

Jesús es el "viviente del Reino", es el hombre pleno, el humano por excelencia. Deseamos ser y estar tan exquisitamente sanos como él.

Jesús fue humano como nosotros en todo, excepto en el pecado. El hecho que el Maestro no tuviera pecado, lo hace más humano aún, puesto que todo pecado des-humaniza, hiere, lastima y resta calidad humana. Jesús "encarna" esa "vida abundante" (calidad de vida, vida sana) que enuncia como razón de su venida.

Como centro y meta del proceso de sanación, propongo una espiritualidad cristocéntrica. Jesucristo es el centro y modelo más acabado de desarrollo humano integral.

¡Sólo un humano sano puede ser modelo de sanidad para otros humanos!

Existen muchas interpretaciones (lecturas posibles, ópticas distintas) de la persona de Jesús. A

---

[7] Jn 10, 10.

través de la historia se cuentan por miles las "imágenes deformadas" de Jesús de Nazaret. Por ello, considero necesario clarificar a qué Jesús proponemos como modelo más acabado y pleno de nuestra propuesta de sanación.

Te propongo desempolvar los textos evangélicos, y así allanar el sendero hacia un encuentro. Un encuentro con una persona exquisita, encantadora, fascinante.

Al abrir el pórtico evangélico nos encontramos, ya de entrada, con una mirada cálida y acogedora; somos acariciados por el rostro de la misericordia del Padre. Es Jesús que nos sale al encuentro. ¿Cómo es Él? ¿Cómo es una persona interiormente sana, madura e integrada?

Jesús es *Amante-amado*. Normalmente se suele hacer referencia a Jesús como *"Amado"*, lo que denota una cierta "pasividad", puesto que implica que alguien "ama a" Jesús.

Prefiero hablar, en primer lugar, de *"Amante"*, que tiene un carácter más "activo", refiere a una cierta iniciativa; lo que, sin lugar a dudas, sería más coherente con la Palabra, puesto que Juan afirmará: *"Nosotros amamos, porque Él nos amó primero"*.[8]

San Juan de la Cruz, desde su sabiduría y conocimiento de la dinámica espiritual, dirá: *"Si el*

---

[8] 1Jn 4, 19.

alma busca a Dios, mucho más la busca su Amado a ella".[9]

Parafraseando al místico doctor, podríamos decir: Dios busca incomparablemente más y mucho antes a la persona que la persona a Dios.

En palabras de C.S. Lewis: *"Es un privilegio divino ser siempre no tanto el amado como el amante"*.

¿Jesús ama primero, nos "primerea" en el amor, porque lo merecemos? No. Esta iniciativa no se basa en méritos, sino en gratuidad e incondicionalidad.

Una persona sana, como Jesús, ama primero, incluso cuando el otro no lo merezca, y por lo tanto, quizá tampoco lo espere.

Si nos aferramos a nuestros rencores, resentimientos, "razones" y orgullo herido no tomaremos la iniciativa del amar y dejaremos que el mundo siga enfermo y enfermando, comenzando por el "mundillo" más próximo: matrimonio, familia, trabajo, etc.

Las personas que se toman en serio su sanación interior son los auténticos artífices de las grandes revoluciones humanísticas de la historia, los detonadores de genuinos saltos cualitativos de la humanidad herida y agónica.

---

[9] L 3, 28.

Llamar a Jesús *Amado* es muy grato a los místicos (experimentadores cualificados de Dios), quienes lo conocen mucho porque aman mucho.

El gran teólogo suizo Hans Urs von Balthasar, en su libro *"Sólo el amor es digno de fe"*, llegará a afirmar que quienes más aman son quienes más conocen a Dios; y que, por lo tanto, a ellos hay que prestar atención.

Jesús es *íntegro* (de una sola pieza, sin doblez, sin hipocresías); *coherente* hasta las últimas consecuencias (hasta la muerte); *dueño de sí* (por eso puede donarse a todos, porque se ha conquistado a sí mismo); *inteligente, brillante, sabio* (aunque no consta que haya sido "culto", es decir, que haya cultivado la dimensión intelectual mediante una formación académica sistemática).

Jesús es un hombre profundamente *espiritual*, todo Él abierto, relacionado y referido al Espíritu, a tal magnitud que el evangelista Lucas le llega a llamar *"pleres pneúmatos"* (lleno del Espíritu).

Jesús es, esencialmente y ante todo, *"hijo"* (en lenguaje teológico, es el Hijo del Padre eterno). No podríamos comprenderlo adecuadamente sin su permanente, profunda, confiada y cálida intimidad con el Padre (el *Abba*[10]).

---

[10] A decir de algunos teólogos, el *Abba* (expresión que denota cercanía y confianza paterno-filial) es lo más profundo e íntimo de Jesús.

¿En qué consiste ser hijo del Padre? Consiste en ser como Jesús, ser semejantes a Él; irnos asemejando a Él.

Jesús es un hombre *tierno*. Acaricia, roza con ternura y delicadeza. Mira tiernamente. Expresión de un corazón sano, sin violencia, traumas, vacíos o heridas.

El Maestro es *cercano* (no espera que el otro se acerque, Él se acerca, se aproxima, se "aprojima"). Jesús mismo es el "buen samaritano" de la famosa parábola: nos ve, se compadece de nosotros, se acerca, venda y cura nuestras heridas, nos sube en sus hombros (como pequeñas, indefensas, heridas y descarriadas ovejas), nos mete en su "posada" y cuida de nosotros.[11]

Jesús es *compasivo* (siente, padece, se identifica con nuestro dolor y lo hace suyo de alguna manera); *empático* (es capaz de ponerse en nuestro lugar y situación, "camina con nuestros zapatos"); *misericordioso* (perdona lo "imperdonable" de manera inmerecida, gratuita e incondicional); *amoroso*; *"resiliente"* (capaz de re-construirse y levantarse después de ser herido, lastimado, destruído y humillado).[12]

Jesús *no juzga, no condena, no lastima, no humilla* a nadie. Una mirada suya era capaz de

---

[11] Cfr. Lc 10, 29-37.

[12] Psicológicamente, la "resiliencia" es la capacidad de una persona para superarse después de pasar por experiencias o circunstancias traumáticas.

devolver la conciencia de la propia e inviolable dignidad al más miserable; de sanar la auto-estima y la auto-imagen a los más marginados.

Jesús tiene una relación especialmente tierna, acogedora y cercana con las mujeres (basta echar un vistazo a los evangelios). Trata a las mujeres como princesas, dignas hijas del Padre, en un contexto social, cultural y religioso de marginación femenina. ¿A qué se debe esto?

En cierta ocasión escuché a alguien decir: *"Cuando un hombre trata a una mujer como una princesa, es porque fue educado por una reina"*. ¡Qué bien se cumple esto en Jesús! Como trasfondo de la relación de Jesús con las mujeres, está la relación con su madre, María.

Una sana relación madre-hijo crea las condiciones para una adecuada maduración, integración, personalización, desarrollo y realización humano-espiritual. Jesús, en su maduración y desarrollo psico-afectivo, debe mucho a la relación con su madre María.

Jesús es un hombre *libre*. Libre de prejuicios culturales, intelectuales, religiosos, o de cualquier otra índole. Su libertad le costó la vida. Y justamente, la pudo entregar porque le pertenecía, puesto que era libre.

Con frecuencia nuestra libertad está empeñada, comprada, alquilada, atada a personas, actitudes, heridas, caprichos, vacíos o cosas.

Jesús es libre incluso con respecto a sí mismo: no estaba atado a sí mismo, no era esclavo sino dueño de sí. El garante de su libertad era Dios Padre.

Dios no es un impedimento a la libertad humana, sino su fuente y garantía.

Las anteriores cualidades de Jesús (integridad, coherencia, sabiduría, ternura, compasión, misericordia, cercanía, empatía, resiliencia, sensibilidad espiritual, libertad, ect.) nos hablan de un hombre sano, pleno, maduro, realizado, integrado, personalizado, feliz. Por ello, Él es el modelo que proponemos. Jesús es el "principio y fundamento" de nuestra propuesta.

Alguien podría pensar y objetar: "Pero lo que propones no es un camino de sanación interior sino de santidad, lo que deseas es que seamos santos, no sanos". A lo que respondo: el "desarrollo espiritual" y el "desarrollo humano" no se contraponen.

En nuestra propuesta, el "santo" y el "sano" no se contradicen. "Santidad" y "sanación" no se excluyen. Por el contrario, apostamos por un "desarrollo humano integral", según el cual, logremos ser "santos sanos", "humanos espiritualizados", "espirituales humanizados", felices, bienaventurados... como Jesús. En Él, lo humano y lo divino siempre van juntos.

A la luz de Jesús, sus características, mensaje y praxis, no puedo concebir una santidad que no humanice, ni una humanización que no esté abierta a

Dios, a la trascendencia. El contacto con Jesús nos tiene que humanizar. Si el encuentro con Él es auténtico, nos hará formidable y exquisitamente humanos.

El famoso himno al amor de San Pablo describe a Jesús, pero también a una persona sana.[13] Allí se dice que el "amor" es: paciente, bondadoso, amante de la verdad, todo lo excusa, todo lo cree, todo lo espera, todo lo soporta.

También se dice lo que "no es" el "amor": no es envidioso, no es orgulloso, no es soberbio, no es vanidoso, no busca el propio interés, no se irrita, no es rencoroso, no tiene en cuenta el mal, no es resentido, no se alegra de la injusticia.

Te invito a realizar un ejercicio práctico con el himno al amor, en dos momentos:

Primer momento, allí donde está la palabra "amor", pon el nombre de Jesús. Quedaría más o menos, de la siguiente manera: "Jesús es paciente, Jesús es bondadoso...Jesús no se irrita, Jesús no lleva cuentas del mal..."

Segundo momento, haz el mismo ejercicio poniéndote a ti, en vez de la palabra "amor" o el nombre de "Jesús". Dirás: "Yo soy paciente... yo soy bondadoso...yo no soy envidioso...yo no me irrito...yo confío y creo..."

Te pregunto: ¿eso es verdad? ¿Cómo te hace sentir este ejercicio?

---

[13] Cfr. 1Cor 13, 4-7.

Las características del amor coinciden con las cualidades de Jesús y con las de una persona sana, o en proceso de sanación, en diversas medidas y estadios de realización. Así como las características de lo que "no es" el amor, coinciden con las indicios de una persona herida (envidia, orgullo, soberbia, mentira, injusticia, rencor, resentimiento, desconfianza…).

Una persona sana es como el amor, como Jesús: ¡es "amor"! En nuestra propuesta, el amor es una clave fundamental y esencial.

¡Nada nos sanará tanto como el amor!

No sólo el amor "recibido" sana, sino también el amor "dado". A veces, sanamos más amando que siendo amados.

Sanamos en la medida en que somos amados y amamos. Todo comienza y todo culmina en el amor.

El amor sanador no "termina", sino que se transforma y "culmina", se hace maduro y pleno, pero sólo en la medida en que es concreto, cotidiano y simple.

No es el "amor platónico", el de los poetas y los altos vuelos intelectuales el que sana, sino el "amor de a pié": la mirada dulce, la ayuda concreta, el beso silencioso depositado en la frente, la presencia callada significativa, el plato de comida dado en secreto, la visita a la cárcel o al hospital, la ropa compartida, la dádiva sin pretensiones de reciprocidad…

Juan de la Cruz dirá que Dios sólo entiende el lenguaje del "callado amor". Ese es el amor que sana y transforma: el que se disfraza de callada simplicidad, pero cuya esencia es la grandeza.

Preguntas para la reflexión personal

¿Jesús es tu modelo de humanidad?
¿Qué tan semejante a Jesús eres?
¿Deseas ser como Jesús? ¿Por qué?
¿Crees posible ser como Jesús? ¿Por qué?
¿Normalmente, eres más amado/a o amante?
¿Amas a quien, a tu juicio, no lo merece?
¿Eres íntegro/a?
¿Eres coherente?
¿Quién es tu dueño? ¿Quién manda en ti?
¿Te consideras una persona espiritual? ¿Por qué?
¿Qué tan desarrollada está tu conciencia de hijo/a de Dios?
¿Eres tierno/a?
¿Eres cercano, normalmente te acercas a los demás, te "aprojimas"?
¿Eres una persona "simpática", "empática"? ¿Te pones en el lugar del otro?
¿Cómo está tu "resiliencia", la capacidad de reponerte y rehacerte después de romperte y derrumbarte?
¿Juzgas con frecuencia, condenas despiadadamente, lastimas sin contemplaciones y humillas a los demás?
¿Eres libre? ¿Por qué?
¿Contrapones sanación y santidad? ¿Por qué?
A la luz del himno paulino al amor, ¿qué tan amor eres?
Formulado de otra manera: ¿qué tan sano/a estás? ¿O qué tan enfermo/a?

CAPÍTULO 3

Transformación de las heridas en perlas preciosas.

CAPÍTULO 3
Transformación de las Heridas en Perlas Preciosas.

¿Cómo se forma una perla preciosa? Un cuerpo extraño (grano de arena, por ejemplo) produce una *herida* y se introduce en el interior de un molusco, el cual reacciona cubriendo lentamente la "partícula hiriente" con una mezcla de cristales y proteína que forman el nácar. La partícula se va cubriendo de nácar (de una o más capas) y se forma una perla. Este proceso tarda, aproximadamente, diez años.

La formación de las perlas preciosas nos enseña mucho en lo referente a nuestras heridas y a su proceso de sanación. Destaco varias enseñanzas:

En primer lugar, *reaccionar ante la herida.* El molusco, cuando es herido, no se queda de "brazos cruzados" esperando a que el tiempo lo cure. El proceso amerita tiempo (¡diez años!), pero es el molusco quien lo desencadena, reaccionando ante la herida: cubre la "partícula hiriente", la trabaja, se hace cargo de ella.

Es importante, una vez que hayamos nombrado nuestras heridas, preguntarnos qué hacer ante ellas y con ellas, cómo reaccionar. ¿Cuál es tu actitud ante tus heridas? ¿Qué haces con ellas? ¿Qué hacen tus heridas contigo? Ante la evidencia de tus

51

heridas, ¿te deprimes y sumerges en la pasividad e inoperatividad, te entregas y rindes; o, por el contrario, te haces cargo de ellas?

En segundo lugar, la *"partícula hiriente"* *siempre está presente.* El molusco no elimina o expulsa de sí la partícula o el cuerpo extraño que lo ha herido, sino que lo cubre, abraza, asume y acoge. No lo "elimina" sino que lo "ilumina" y hermosea.

No podemos eliminar nuestra historia, no es posible borrar el pasado. Nuestra historia es un libro en que no se puede arrancar páginas.

Tu historia puede ser iluminada, transformada, sanada, abrazada, asumida, redimida, purificada, interpretada de una manera u otra, pero no eliminada. Quien pretende eliminar su historia en cierta manera se enajena y elimina a sí mismo.

La herida interior, de alguna manera, siempre estará presente. Siempre quedará alguna marca.

La dinámica no es: "Aquí había una herida y ahora ya no hay nada". Siempre queda "algo" allí donde la herida sangraba. No puedes decir, por ejemplo, "mi esposo me fue infiel y ahora, de repente, porque sané, ya no lo fue". La infidelidad sigue existiendo como hecho pasado (pasó, sucedió), aunque no se repita en el presente. El hecho como tal es irreversible, pero podemos cambiar, transfigurar y transformar la lectura del mismo y la manera como lo manejamos.

Con frecuencia, el trabajo que podemos hacer no será tanto borrar las marcas de las heridas, cuanto aprender a vivir con ellas. Si la herida tiene su origen en el rechazo materno, por ejemplo, tocará aprender a asumirlo, aceptarlo y vivir con ello.

La auto-conciencia adquirida en un proceso de sanación se puede expresar en los siguientes términos: "Yo fui rechazado por mi madre; lo nombro, acepto, asumo y aprendo a vivir con ello". Vivir, no simplemente "aguantando", "tolerando", sino transformando.

¿Cómo amar, integrar, acoger, servir y cuidar a esta madre que me ha rechazado? No la puedes matar, eliminar de tu historia, desterrar de tu vida y arrancar de tu sistema. ¿Cómo vivir con la madre que me ha rechazado de manera sanadora?

No sanarás negando, evadiendo, proyectando, racionalizando. Sanarás asumiendo, acogiendo, aceptando, abrazando, "nombrando".

Podrías pasarte toda la vida luchando por "eliminar" aquello que te ha herido, olvidando que, con frecuencia, al intentar "arrancar" las "malas hierbas" (heridas, traumas, vacíos...), puedes terminar "atrofiando" y "matando" el "buen trigo" (dones, talentos, cualidades...). En una ocasión, Jesús advirtió de este riesgo a los discípulos.[14] Pongamos un ejemplo:

Inés fue violada a los 15 años de edad. Como reacción, la hasta entonces jovencita alegre, afectuosa y cariñosa se convirtió en una persona

---

[14] Cfr. Mt 13, 29.

antipática, "odiosa" y distante, incapaz de abrazar, tocar con ternura y acoger. Buscando superar la herida atrofió su afectividad. Esto le ha convertido en alguien infeliz y amargada. Está seca por dentro.

Buscando arrancar la cizaña de la herida (violación) terminó marchitando el trigo de su afectividad. Esto nos puede suceder a todos. A veces, intentamos "sanar", "matando"; "sanarnos", "matándonos". Nadie puede crecer atrofiándose.

En nuestras vidas existen "cizañas pedagógicas". Algunas heridas interiores pueden ser grandes maestras. Todo dependerá de nuestra actitud ante ellas.

¡La conciencia de nuestras heridas, el contacto con nuestra fragilidad, la reconciliación con nuestras miserias puede ser extraordinariamente liberador!

Pablo, el de Tarso, luchó fieramente contra su "aguijón" (¿fragilidad, miseria, herida, tentación, adicción, limitación, apego, pecado?). Pidió a Dios, varias veces, que lo liberara de esa fragilidad. ¡Todo en vano!

La liberación de Pablo, con respecto a su "aguijón", no vino cuando logró "eliminarlo", sino cuando cayó en la cuenta de la función pedagógica que ese "aguijón" tenía en su vida.

¡Era un "aguijón" necesario!

Experimentó que le bastaba la gracia divina, que la fuerza de Dios se realiza en medio de la fragilidad humana.

Cuando Pablo abrazó, asumió y aceptó su "aguijón", fue feliz.[15] Cuando intentaba eliminarlo, extirparlo de sí, se llenaba de rabia, amargura, frustración; era infeliz.

Detrás de la cruenta lucha por eliminar nuestras heridas, fragilidades y miserias se puede ocultar la soberbia, orgullo, vanagloria y perfeccionismo, es decir, el camino trillado y fácil hacia la infelicidad.

Pablo dirá: *"Por eso, para que no pudiera yo presumir de haber sido objeto de esas revelaciones tan sublimes, recibí en mi carne una especie de aguijón, un ángel de Satanás que me abofetea para que no me engría".*[16]

Con su "aguijón" asumido, aceptado e integrado, Pablo no dejó de ser un hombre de Dios, un "súper-apóstol". Su "aguijón" no le quitaba méritos, santidad ni eficacia a su misión.

¿Cuál es tu "aguijón"? ¿Cómo te relacionas con él? ¿Has buscado eliminarlo o integrarlo? Cuando has intentando eliminar en vano tu mayor fragilidad, ¿cómo te has sentido?

En tercer lugar, *transformar la herida en perla*. El molusco no elimina ni ahonda la herida,

---

[15] 2Cor 12, 10.
[16] 2Cor 12, 7.

sino que la transforma en algo hermoso y valioso. De algo "malo" saca algo "bueno" y "bello".

La belleza, como la verdad y la bondad, tiene un impresionante poder sanador, salvador y liberador. Se trata de transformar una debilidad en una posibilidad, una desgracia en una gracia, una herida en una perla, una carencia en una misión; hacer, en definitiva, de la necesidad, virtud.

Rick Warren afirma: *"Tu ministerio más eficaz surgirá de tus heridas más profundas"*.[17] Les comparto dos testimonios que ilustran la afirmación de Warren.

Carlos Luís proviene de una pretigiosa familia de abogados y jueces. Su papá, juez de amplio prestigio y reconocimiento, siempre le humilló. En la casa paterna nadie tenía derecho a la palabra. Allí imperaba una inclemente corte de justicia, a la vez que una férrea y absoluta disciplina patriarcal.

Todo el poder residía en manos del "señor juez". Nadie tenía derecho a apelación. La palabra del padre-juez era batuta y constitución.

Carlos Luís quedó profundamente herido por las injusticias que su papá imponía en casa. Los "débiles" (él, su mamá y dos hermanos), sumidos en una profunda impotencia, eran aplastados por el poder paterno.

---

[17] R. Warren: *Una vida con propósito*, Vida, Miami, 2002, p. 298.

Carlos Luís, como todos los hombres de su familia, estudió leyes en su país, hizo un postgrado en La Sorbona de París y un doctorado en Harvard. Durante sus intensos años de estudios universitarios siempre le perseguía el fantasma y la herida de la injusticia.

Todo el tiempo le invadía un dilema: seguir y afianzar el modelo de injusticia de su papá, que tanto le había herido y estragado; o, transformar su herida en una perla preciosa (sacar algo bueno de su herida). Optó por lo segundo.

Con la trayectoria y prestigio familiar, así como por su cualificación y extraordinaria preparación académica, no le costó ascender rápidamente en su ámbito laboral.

Por las mañanas trabajaba, en una lujosa oficina de su firma de abogados, para personas influyentes, "importantes" y de mucho dinero, los que le pagaban significativas y muy cuantiosas sumas. La calidad de su trabajo lo valía.

Por las tardes, se dedicaba a personas sin recursos económicos que estaban siendo aplastadas, injustamente, por el sistema imperante. Estas personas, lógicamente, no podían pagarle lo que sus servicios costaban. Él lo hacía gratis.

En más de una ocasión, Carlos Luís renunció a casos de los que podía percibir mucho dinero, porque se sustentaban sobre la base de una injusticia. Servir a los "socio-económicamente pobres",[18] era para él un servicio terapéutico. Así sanaba su herida.

El camino, experiencia y práctica de la justicia le fue "ablandando" el corazón, sanándolo y liberándolo del rencor acumulado contra su padre. La justicia le abrió el camino a la misericordia. Carlos Luís transformó su herida fundamental (la injusticia paterna) en una hermosa perla (una justicia misericordiosa y sanadora).

Luisa es la protagonista del segundo testimonio. A los 18 años quedó embarazada en circunstancias adversas: no sabía quién era el papá de su criaturita (estaba saliendo con tres hombres a la vez), sus padres eran totalmente opuestos a hijos fuera de un matrimonio formal (civil o eclesial), estudiando en la universidad de sus sueños (gracias a una beca), sola en el extranjero... Aconsejada por una compañera de habitación, abortó.

¡Eso la marcó para siempre!

Terminó su carrera de Bellas Artes en Milán, pero no logró trabajar en esa área. Sentía la imperiosa necesidad de algo más, el ansia de un "no

---

[18] El concepto "pobreza" es polivalente. Existen muchos tipos de "pobreza": socio-económica (carencia de recursos materiales, posibilidades y seguridades sociales), moral (carencia de valores, virtudes), espiritual (en doble sentido, negativo o positivo: falta de vida en el Espíritu o tener sólo a Dios por riqueza), cultural (falta de formación académica)... Alguien puede ser "pobre" en un sentido, pero muy "rico" en otro.

sé qué", le bullía muy dentro. Despertó en ella una búsqueda interior. Hizo una licenciatura en psicología clínica y un *máster* en terapia familiar.

Actualmente, Luisa tiene un consultorio privado de terapia familiar. Se ha especializado en el trabajo con mujeres que han abortado. Como ha pasado por esa experiencia, tiene una sensibilidad y comprensión especiales. Aunque tiene una tarifa determinada para sus terapias, cuando son casos de aborto no suele cobrar y los asume como una misión sin fines de lucro.

Trabajando con mujeres que padecen las consecuencias psicológicas, espirituales, afectivas y morales del aborto, ella misma ha ido sanando y se ha reconciliado con su herida fundamental.

Luisa, como Carlos Luís, ha transformado su herida en una perla preciosa.

¿Cuál es tu herida fundamental? ¿Cómo podrías convertirla en una perla preciosa?

Ante la herida, normalmente, nos victimizamos. Como etapa pasajera es comprensible. No obstante, la victimización no es camino de sanación. La víctima espera siempre recibir. Recibir, y sólo recibir, no siempre es sanador.

¿Será que se sana más dando que recibiendo?

La Palabra divina nos sugiere una pista importante en ese sentido, cuando afirma: *"Hay mayor felicidad* ("alegría" se dirá en otras traducciones) *en dar que en recibir*".[19] En la medida en que servimos, justamente allí donde estamos heridos y más necesitados, sanaremos.

Para sanar, no sólo hemos de querer o pretender sanar. Es necesario desear algo más, ir más allá, crecernos y transformarnos en el proceso.

Quien pretende sólo sanar (y nada más que sanar), normalmente se quedará corto en la realización de su deseo. Te invito vayas más allá: transforma tus heridas en perlas preciosas. La decisión es personal. Sólo tú puedes hacerlo, prestando atención a la llamada interior.

Todas las heridas son transformables. En todas ellas silba el susurro de una vocación al servicio. El llamado de Dios pasará muchas veces por nuestras fragilidades y estará vinculado a ellas.

Con frecuencia la propia necesidad es un llamado, a modo de gemido, para ayudar a otros en circunstancias similares. Recordemos que Dios no llama a los capacitados, sino que capacita a los llamados.

En cuarto lugar, *el proceso amerita tiempo*. La formación de una perla tarda, aproximadamente, diez años. Todo lo verdaderamente importante en la vida amerita tiempo. Será necesario cultivar la paciencia para con nosotros mismos y para con nuestro proceso.

---

[19] Hch 20, 35.

El ritmo, en principio, será: *sin prisas, pero sin pausas.* Como excepción, en algún momento, se impondrá alguna pausa pedagógica y metódica, para respirar, distender y tomar un nuevo impulso.

No pretendas sanar y transformar tus heridas mágica y milagrosamente, de la noche a la mañana. Hace falta tiempo para madurar, sanar, transformar e integrar interiormente.

Si Dios quisiera podría sanar y transformar tus heridas con sólo pensarlo, inmediatamente. Pero no suele hacerlo. En el caso de Pablo, no quiso librarlo milagrosamente de su "aguijón". No podemos decir que Dios no lo hizo porque a Pablo le faltara fe, como solemos alegar en casos similares.

Cuando Dios no obra un milagro, incluso pidiéndolo insistentemente nosotros, no será necesariamente por falta de fe de nuestra parte. Con frecuencia, se deberá a otras razones: ¿implicarnos en el proceso; respetar el ritmo humano de crecimiento, maduración y sanación; ayudarnos a cultivar otros valores, virtudes, talentos? Todo lo anterior puede ser posible.

Hay heridas, traumas, vacíos, trastornos, síndromes, fragilidades y miserias que se podrán superar, asumir, integrar, re-educar, sanar y transformar en meses; otros, en pocos años; algunos, tal vez, nos acompañen a la tumba.

No te asustes ni desanimes. Morir en el intento es otra manera de triunfar. Dios, en su infinito amor y misericordia, completará, consumará, transformará y plenificará todo cuanto comencemos, honesta y decididamente, a trabajar junto con Él.

El tiempo no lo cura todo. Quizá no cure nada. A lo sumo, echa polvo sobre la herida. De vez en cuando, se levantarán vendavales que remuevan ese "polvo temporal" y se evidencie la herida.

En ocasiones, será el soplo del Espíritu Santo, con un fuerte silbido, a modo de "llama de amor viva", quien nos desnude y deje al rojo vivo nuestras llagas interiores, para luego rozarlas y curarlas.

Hasta ahora he planteado una pregunta (¿deseas sanar?) y te he presentado dos propuestas: 1) tomar a Jesús como compañero, guía, modelo y meta; y, 2) ir más allá del mero deseo de sanación, hasta la transformación de tus heridas en perlas.

En el próximo capítulo te haré una propuesta concreta para comenzar tu proceso de sanación interior profunda.

CAPÍTULO 4

La oración que sana y transforma

CAPÍTULO 4
La Oración que Sana y Transforma

¿La oración sana?
¿La oración transforma?
¿Existen oraciones que no son sanadoras?
¿Cuál es la oración que sana y transforma?
¿Basta orar para sanar?
¿Por qué oro y no sano?

4.1. Partiendo de la experiencia.

En nuestros medios religiosos y eclesiales abundan las llamadas "oraciones de sanación". A unas se les atribuye más poder y eficacia que a otras.

Para muchos, son "oraciones mágicas"[20]: basta hacerlas "correctamente" (con posturas

---

[20] La *magia* consiste en una serie de rituales que someten la "divinidad" a realizar aquello que se solicita. Si el ritual (conjunto de gestos y palabras) se hace de forma correcta, "al pie de la letra", literalmente, sin añadir ni quitar nada, entonces se realiza de manera inmediata y a cabalidad aquello pretendido. En la mentalidad mágica, debe ser siempre así. Los magos creen poder ganarse a Dios, y dominarlo, con ungüentos, inciensos, brujerías, ritos, fórmulas... Hacen de Dios una especie de títere. Y yo me pregunto: en la mentalidad de numerosos creyentes, en nuestros grupos de oración, ¿dónde termina la mentalidad mágica y comienza la auténtica experiencia de fe? Lamentablemente, la mentalidad mágica impera en nuestros espacios eclesiales más de lo que podemos sospechar.

corporales, gestualidad e inflexiones de voz determinadas) para que toda enfermedad o dolencia desaparezca como por arte de magia.

Algunos tienen en cuenta la fe, pero no la fe en el Dios a quien se dirige la oración, sino fe en el poder de la oración en sí misma.

En todo caso, el poderoso no sería Dios, sino la oración que lo doblega.

Si bastara hacer una poderosa y siempre eficaz "oración compuesta" (concreta, escrita, memorizada…) para sanar, ya no habría enfermedades físicas, ni tullidos emocionales.

La experiencia nos dice que ese camino puede ayudar, tener cierta y relativa eficacia, siempre condicionada a la gracia y la voluntad divina, pero es insuficiente.

Tampoco será suficiente una determinada novena o treinta días de consagración a la Virgen María.

No tengo nada en contra de las devociones. Yo mismo las hago con frecuencia.

Lo que afirmo, categóricamente, es que, por lo general, salvo excepciones, son insuficientes para lograr una sanación interior profunda. Necesitamos algo más, ir más allá.

Santa Teresa de Jesús afirmaba: *"De devociones a bobas nos libre Dios"*.[21] Por "a bobas", la Santa entiende: sin fundamento, sin conocimiento,

---

[21] V 13, 16.

inconsideradamente. Y eso que, a santa Teresa en devociones no le ganaba nadie. La Santa era devota de la Virgen, san José, "el santo rey David", las once mil vírgenes, y una enorme retahíla de santos y beatos impresionante, muchos de los cuales no se mantienen en el santoral oficial de la Iglesia. Eso sí, con fundamento, razonablemente, con sustancia.

Necesitamos, urgentemente, una devoción inteligente, razonable, con sabor y sustancia, con forma y fondo. Esa es la devoción que puede sanar y transformar; la que no está peleada con la razón, y menos con la sustancia del Evangelio, que siempre será el amor misericordioso; la que no sólo arrodilla el cuerpo, sino que abre todo su corazón y ser a Dios y al hermano, la que nos toca por entero y permea todas las dimensiones de la existencia.

Quizá alguien proteste contra lo que acabo de afirmar. A lo que respondo: si usted ha hecho muchas "oraciones" (nótese que no hablo de "oración", sino de "oraciones"[22]), si ha desgranado infinidad de rosarios, si le han llovido las novenas y ha enhebrado unas consagraciones con otras, ¿por qué no ha sanado interiormente? Si usted no ha

---

[22] La "oración" es una relación permanente, una especie de "estado relacional", como la amistad, por ejemplo. Las "oraciones" son fórmulas que se dirigen a Dios, a la Virgen o algún santo en un momento determinado, concreto y puntual. Nuestra "oración" (relación con Dios) puede estar compuesta de muchas "oraciones", pero no se agota en ellas.

hecho ninguna de las anteriores cosas; entonces, no tiene derecho a protestar.

Continúo…

Es muy común que las personas se pregunten: ¿por qué después de haber hecho todas las oraciones posibles, pensables y existentes, pidiendo por sanación interior, aún no he sanado?

¿Será que aún no he encontrado la fórmula oracional más poderosa y eficaz?

Y yo pregunto: ¿o será, más bien, que el camino debe ser otro?

Cuando pedimos insistentemente algo a Dios y "APARENTEMENTE"[23] no hay una respuesta satisfactoria en la dirección deseada, tenemos que plantearnos varias cuestiones.

Entre las cuestiones a ser seriamente planteadas propongo dos: el lenguaje del silencio divino y el misterio de la oración de petición.

---

[23] Lo entrecomillo, mayusculizo y subrayo porque quizá sea una mera percepción y somera apariencia, puesto que Dios siempre responde de alguna manera, no siempre comprensible, puesto que sus caminos, pensamientos y proyectos no coinciden siempre con los nuestros; tal vez, más bien, pocas veces (cfr. Is 55, 8-9).

4.2. El lenguaje del silencio divino.

Dios habla en el silencio. Tenemos que aprender a interpretar el simple pero muy elocuente lenguaje del silencio divino. Dios siempre comunica, incluso cuando calla.

¡A veces, su silencio es su mejor respuesta!

Es un silencio que nos cae como un balde de agua fría sobre la cabeza (¡y también sobre el corazón!).

Mons. Silvio José Báez, Carmelita Descalzo, obispo auxiliar de Managua, escribió un libro llamado "*Cuando todo calla. El silencio en la Biblia*", allí afirma que en la revelación bíblica de Dios es tan importante y elocuente su silencio como su palabra.

Los hombres y las mujeres de Dios aprenden poco a poco; y, con frecuencia, no sin dolor, el difícil lenguaje del silencio divino.

Sumergidos en un mundo de ruidos, nos preguntamos: ¿por qué Dios no me habla? ¿Por qué no me responde?

San Juan de la Cruz, experto en la interpretación del silencio divino, te puede dar una respuesta (no la única posible, pero sí muy interesante): "*Una palabra habló el Padre, que fue su Hijo, y ésta habla siempre en eterno silencio, y en silencio ha de ser oída del alma*".[24]

---

[24] D 99.

Lo que falta quizá no sea tanto comunicación divina cuanto receptividad, escucha y acogida humana. A todos los "místicos",[25] empezando por Jesús, les encanta el silencio. ¡Por algo será!

El profeta Elías tuvo su más cualificada experiencia de Dios revestida de silencio. La "brisa suave" que experimentó el profeta es una manera hermosa de hablar del silencio, del "sonido del silencio".[26]

La respuesta de Dios a nuestras oraciones a veces vendrá con el ímpetu de las lenguas de fuego de Pentecostés, "como una impetuosa ráfaga de viento";[27] pero otras veces, ¡las más de las veces!, nos impregnará bajo la modalidad del *susurro de una brisa suave*".[28]

---

[25] Existen muchas interpretaciones y definiciones de la palabra "mística". Comprendo la mística como la experiencia cualificada, sólida, continua y evangélicamente contrastada de Dios. En un sentido más laxo y flexible, podríamos considerar la mística como la auténtica experiencia de Dios, en general. Lo que nos llevaría a distinguir entre "grandes místicos" (Santa Teresa de Jesús, San Juan de la Cruz...) y "pequeños místicos" (todos nosotros). Todos hemos tenido, de alguna manera, experiencia de Dios. Zubiri afirmaba que la persona humana es experiencia de Dios. Llevamos su marca, sello y huellas.

[26] Cfr. 1Re 19, 9-18.

[27] Cfr. Hch 2, 1-13.

[28] 1Re 19, 12.

4.3. El misterio de la oración de petición.

La oración de petición tiene sus peculiaridades y misterios.

Dice Jesús: *"Pidan y se les dará; busquen y hallarán; llamen y se les abrirá. Porque todo el que pide recibe; el que busca halla; y al que llama, se le abrirá"*.[29]

Sin embargo, todos tenemos la percepción de que, con frecuencia (casi siempre), pedimos y no se nos da, buscamos y no hallamos, llamamos y no se nos abre.

¿Qué sucede? ¿Por qué pasa eso? ¿Jesús nos habrá mentido? ¿O será que para que suceda de esa manera son necesarias algunas condiciones?

Nos sentimos aturdidos, perdidos, no comprendemos.

¡Estamos ante el misterio de la oración de petición!

¡Hay razones que obstaculizan el acceso de nuestras peticiones a Dios, o el acceso de Dios a nuestras mentes y corazones!

No lo suprimen ni lo hacen imposible, porque lo definitivo es la gracia de Dios, pero sí dificultan nuestro acceso al trono de la gracia.

Entre ellas, las siguientes:

---

[29] Mt 7, 7-8.

1. Pedir mal.

Pedir debido a motivos egoístas (la muerte de un enemigo, una enfermedad para alguien, enriquecimiento inmediato e ilícito…).

2. No es el momento oportuno.

Lo que pedimos quizá Dios lo quiera hacer, pero aún no es tiempo. Tocará cultivar la paciencia y la confianza.

3. Pedir sin fe.

Por supuesto que a veces pedimos con fe; y, no pasa, aparentemente, nada. La misma fe que motiva la petición, deberá sostener la espera.

4. Una petición sin compromiso.

Petición que no nos compromete en la línea de la conversión de vida. Deseamos que Dios nos dé y haga, pero sin mover nosotros ni un pelo. Que me dé, pero sin tocar, mover o cambiar nada de mi vida.

5. Pedir insolidariamente.

Pedir a Dios, pero siendo sordos a los que nos piden ayuda a nosotros. La misericordia que practicamos con nosotros mismos y con los demás abre de par en par las puertas del cielo.

6. Petición sin crecimiento.

Pedimos a Dios, pero anclados en alguna situación grave, permanente y contumaz de pecado.

7. Petición sin confianza y abandono totales en Dios.

La persona pide a Dios, pero no confía en Él, por eso practica la brujería, santería, rinde culto a los ídolos.

8. Peticiones hipócritas.

Pedir hipócritamente, con doblez y cinismo.

9. Pedir sólo por cumplimiento.

El que pide sólo por cumplimiento, "cumple" y a la vez "miente". No hay una convicción creyente real.

10. Pedir inconscientemente.

Para Teresa de Jesús, una oración sin "consideración", sin conciencia de qué pido, a quién le pido y quién soy que pide, por más que se menee los labios, no lo llama ella oración.[30]

11. Orar auto-justificándose y vanagloriándose.

Es el caso del fariseo del templo.[31] Delante de Dios, ¿quién puede presumir? La humildad roba el corazón a Dios.

12. Pedir a Dios, cerrándonos a perdonar a alguien.

El rencor, odio y resentimiento voluntarios; sostenidos libre, consciente y responsablemente, obstruyen nuestra oración.

Una persona puede tener rencor y desear superarlo. Pero otra podría guardar resentimiento y odiar a alguien y decidir no superarlo, no perdonar.

Esto último afecta el acceso a Dios; o, más bien, el acceso de Dios a nosotros.

Él siempre viene y nos busca, pero si decidimos no perdonar, si apostamos por el odio, entonces le cerramos la puerta.

---

[30] Cfr. 1M 1, 7.
[31] Cfr. Lc 18, 9-14.

Un señor me preguntó: "*Si yo tengo rencor, odio o resentimiento en mi corazón, ¿puedo comulgar en la misa?*".

Yo le respondí: "*A mi entender, sí; pero, con una condición: que desees superarlo, aunque en la práctica se te dificulte. Porque a veces, no depende enteramente de un simple acto de voluntad, pero por ahí al menos se empieza.*

Si decides no perdonar, si no te da la gana perdonar, entonces, quizá no sea muy coherente comulgar al amor misericordioso. Pero si hay en ti el deseo de perdonar y superar una situación, aunque sea mínimo, entonces, no sólo puedes comulgar, sino que 'debes' comulgar, porque precisamente ese alimento te dará fuerzas para hacerlo y sanar así tu memoria, mente y corazón".

Un año después, ese señor murió sin guardar ni el más mínimo resquicio de odio o rencor en su corazón. ¡La eucaristía lo transformó y sanó! Inicialmente, bastó un poco de apertura de su parte.

¿Y qué pasa cuando tenemos muchos años pidiendo y orando bien, no motivados por nuestro egoísmo, con mucha fe, convirtiéndonos en la línea del Evangelio, practicando la generosidad, siendo misericordiosos, sin tener una situación especialmente grave y permanente de pecado, sin buscar medios esotéricos alternos (brujería, santería), sin hipocresía, doblez ni cinismo, no por cumplimiento, sino conscientemente y de corazón, abiertos al perdón y sin auto-justificarnos; y, aun así, parece que nuestra petición no es escuchada o atendida por Dios?

¡Estamos ante el misterio y dinámica de la oración de petición!

La oración de petición no es magia. Es cuestión de fe.

La petición *"es la actitud más humilde que pueda tener el hombre. Se limita, en el fondo, a decir: o me das lo que te pido, o me quedo sin ello"* (Augusto Guerra).

Al pedir, con frecuencia olvidamos nuestra posición ante Dios. Pedimos mal.

Menos mal que *"el Espíritu viene en nuestra ayuda"*, porque *"no sabemos pedir como conviene"*.[32]

Pedimos casi mandando, exigiendo... Y si no nos dan lo que pedimos, tal y como lo pedimos, en el momento deseado, nos molestamos, "pataleamos", hacemos "berrinches", como niños pequeños y malcriados. ¡No somos dictadores de Dios!

¡Confundimos pedir con exigir!

---

[32] Rom 8, 26.

En todo caso, Él es el Señor. Con nuestra manera de pedir, pretendemos dictar a Dios qué tiene que hacer, cómo hacerlo, cuándo hacerlo...

¿No te parece una actitud prepotente y soberbia? Estoy convencido de que el Señor se divierte con muchas de nuestras peticiones y ocurrencias. ¡Recuerda: humildad, humildad!

Quien pide a Dios, lo único y mejor que puede hacer es esperar. El "peticionario" reconoce su limitación, indigencia radical y pobreza.

Para pedir hay que ser valientes. Pedir implica reconocer la posibilidad y realidad del don, del regalo, de lo gratuito. Pedir es un acto de esperanza.

La petición a Dios, si somos coherentes con esa petición, nos compromete en el camino de la solidaridad.

San Cesáreo de Arlés decía: *"¿Con qué cara te atreves a pedir, si tú te resistes a dar? (...) El pobre te pide a ti, y tú le pides a Dios; aquél un bocado, tú la vida eterna. (...) No comprendo cómo te atreves a esperar recibir, si tú te niegas a dar"*.

Como podemos apreciar, la petición, el hecho mismo de pedir a Dios, encierra en sí una serie de valores y riquezas importantes: fe, paciencia, esperanza, apertura y sensibilidad ante el don, experiencia de gratuidad, conciencia de la propia pobreza y limitación, valentía, solidaridad, compromiso...

Aunque Dios no nos responda en la dirección deseada, el hecho mismo de pedir es ya formativo y fructífero.

En palabras de Ródenas: *"La actitud, los sentimientos y emociones que la oración pone en marcha, son lo que importa en ella. Y en eso está primariamente su eficacia"*.

Atención al término "primariamente". "Primaria" no supone ni implica que única ni exclusivamente.

Si al pedir despertamos la fe y la esperanza, cultivamos la paciencia, humildad y conciencia de la propia limitación, si crecemos en solidaridad, coherencia y compromiso, ya esa petición comenzó a ser eficaz, muy eficaz.

Me permito una larga cita de Augusto Guerra:

"¿Sería poco eficaz una oración de petición que lograse transformar interior y exteriormente al hombre, las estructuras relacionales, etc., del mundo? No; sería una eficacia casi de fábula. Si quien pide la salud para un enfermo se convierte en solícito acompañante del mismo, esa oración ha sido eficaz. Si quien pide pan para el hambriento logra partir su pan con este hambriento, esa oración es eficaz. Si quien pide la paz se convierte en

pacífico (que hace la paz), esa oración es eficaz, aunque continúen las guerras."[33]

¡Claro, ya esto es otra cosa!

Pedir se complica un poco, porque supone compromiso, crecimiento, conversión.

En lo referente a pedir por la sanación de nuestras heridas interiores la dinámica es la misma: si quien pide por la sanación de las secuelas de un aborto se compromete a trabajar con mujeres que han pasado por la misma situación o están a la puerta de abortar, ya esa petición es eficaz.

Si quien pide sanación para las consecuencias de una infidelidad por parte de su pareja se compromete a ser más fiel a Dios, a sí mismo y a su pareja, ya esa oración fue eficaz. Y así podemos seguir indefinidamente.

Después de tantos años pidiéndole a Dios por la sanación de una determinada herida, ¿qué ha cambiado, qué se ha transformado en nosotros, en ese sentido?

La herida podría seguir en el mismo lugar, con la misma intensidad, con las mismas manifestaciones de siempre; y, sin embargo, todo lo demás a su alrededor haberse transformado. Recuerda nuestra propuesta: *transformar la herida en perla.*

---

[33] A. Guerra: *Oración cristiana. Sociología-teología-pedagogía*, EDE, Madrid, 1984, p. 93.

Pero aún después de las anteriores reflexiones, nos quedamos con dudas sobre si nuestra oración realmente llega a Dios, o no.

Dios no es sordo a tus plegarias. Siempre las escucha. Le importas mucho. Mucho más de lo que jamás llegarás a concebir o pensar.

Entonces, ¿por qué cuando le pides te sane, no lo hace? ¿Será que Dios "no quiere" o "no puede"?

Esto me recuerda un famoso argumento que Lactancio atribuye al filósofo Epicuro:

O Dios quiere eliminar los males y no puede; o puede y no quiere; o no quiere y no puede. Si quiere y no puede es débil, lo que no puede ser en Dios. Si puede y no quiere es envidioso, lo que es ajeno a Dios. Si no quiere y no puede es débil y envidioso, luego no es Dios. Si quiere y puede, que es lo único que conviene a Dios, ¿de dónde vienen los males?; y ¿por qué no los quita?

El anterior argumento me hace pensar en el tema que nos ocupa: o Dios quiere sanar nuestras heridas interiores y no puede; o puede y no quiere; o no puede y no quiere. O, por el contrario, puede y quiere. Esto último es lo más afín a nuestra experiencia de fe, y al Dios revelado en Jesucristo.

El *Abba* (nuestro amoroso Padre) nos ha soñado tan sanos y plenos como Jesús. ¡Así desea que estemos!

Hemos sido soñados, concebidos y creados por Dios para una plenitud que no podemos darnos a nosotros mismos.

No podemos sanarnos de raíz, profundamente, a nosotros mismos. No nos salvamos a nosotros mismos, sino que somos salvados. Eso sí: con nuestra decisión, apertura y colaboración.

San Agustín, siempre tan lapidario, lo diría en los siguientes términos: "*El que te creó sin ti no te salvará sin ti.*"

Para alcanzar la plena sanación e integración humana hace falta un *team* innegociable: Dios y tú. Dios no te sanará sin ti, sin tu colaboración activa.

La sanación que deseas, buscas, anhelas; a la que invitamos y creemos posible, no te lloverá mágicamente del cielo. No sucede así normalmente.

La sanación interior integral (de toda la persona en sus múltiples dimensiones), no sólo baja del cielo, sino que también se eleva al cielo. Amerita un doble movimiento: descendente y ascendente. Baja del cielo, pero a la vez se eleva al cielo.

Es la colaboración de lo humano y lo divino, lo que confluye perfectamente en Jesús.

La sanación no sólo tiene en Jesús la meta (ser tan sanos como Él), sino que también en Él tiene su fuente.

La sanación integral se realiza en la interacción permanente de lo humano y lo divino, en el contacto íntimo, el roce, la comunicación, el diálogo, el encuentro, la relación.

"Relación" es la categoría, concepto y realidad central de la oración que sana y transforma a la persona humana.

Te propongo ir más allá de una fórmula, trascender las letras, descubrir el sentido profundo del rito, degustar el sabor a Dios.

Te invito a una relación viva, permanente, amorosa, innegociable con el Señor Jesús. Esa relación, ese encuentro, es el que realmente va sanando poco a poco (unas veces muy lento, otras con mayor rapidez) tus heridas interiores.

Si deseamos sanar nuestra historia, necesitamos otra historia, una historia de amor, misericordia, tensión interior espiritual, confrontación, amistad... oración.

No estoy descartando las clásicas oraciones eclesiales: Padrenuestro, Avemaría... Todo lo contrario, propongo hacerlas lo que realmente son y están llamadas a ser para nosotros: una auténtica y viva relación. Se trata de una oración (relación) consciente.

Si oramos conscientemente, podríamos pasarnos toda la vida orando un solo Padrenuestro.

Algunos santos han pasado toda la vida sólo meditando, orando conscientemente, la primera palabra del Padrenuestro (la palabra "Padre"). Ahondando en la realidad y experiencia de la paternidad divina, han hecho de ella su "verdad espiritual"; es decir, el centro unificador y transfigurador de su existencia: reconocer a Dios como su Padre, experimentarlo como tal y vivir en consecuencia, como hijo de ese Padre.

4.4. ¿Cómo sanó santa Teresa de Jesús?

Santa Teresa de Jesús, "madre de los espirituales",[34] primera mujer declarada doctora de la Iglesia[35] y maestra de oración, también tenía heridas interiores, vacíos y fragmentaciones psico-afectivas.

La oración de "recogimiento interior" sanó y transformó a Teresa, radical y profundamente, a través de un lento proceso de décadas.

La Santa abulense reta con frecuencia, a quien tenga dudas de su testimonio, a hacer la experiencia. Ella tuvo la experiencia (experiencia de Dios), la comprensión de la experiencia y la capacidad de transmisión de esa experiencia.

En ese sentido, dirá Teresa: *"Una merced es dar el Señor la merced* (experiencia)*, y otra es entender qué merced es y qué gracia* (comprensión y entendimiento de la experiencia)*, otra es saber decirla* (transmisión, comunicación de la experiencia) *y dar a entender cómo es"*.[36]

---

[34] En la nave central de la basílica de San Pedro, en Roma, a la derecha, encima de una de las enormes pilas de agua bendita, hay una estatua de Santa Teresa de Jesús, obra del escultor Filippo Valle. Allí está la inscripción *"Mater spiritualium"* (madre de los espirituales) refiriéndose a la Santa, como un reconocimiento eclesial de su magisterio espiritual.

[35] Por el papa Pablo VI, el 27 de septiembre de 1970.

[36] V 17, 5.

Teresa:

"Recibe-experimenta-vive".
"Comprende-entiende".
"Comunica".

Es una mujer que no sólo tuvo una intensa experiencia orante, sino que también la comprendió y supo comunicar.

Teresa, como tú y yo, tiene una historia. Una historia imperfecta y limitada, herida; pero también una historia de sanación.

Hagamos ahora un recorrido por la historia de Teresa, prestando atención especial al tema afectivo.

La afectividad será en Teresa un ámbito de reconstrucción y sanación permanente. ¡La herida fundamental de Teresa estaba vinculada a su afectividad!

La oración (el Señor, a través de la oración) sanó, unificó, centró y armonizó la afectividad "dispersiva" de Teresa.

Podemos dividir la historia oracional y de sanación afectiva de Teresa en cuatro etapas: 1) infancia; 2) crisis de la adolescencia; 3) tensión desgarradora; y, 4) experiencia mística e integración afectiva.

4.4.1. Primera etapa: infancia.

Teresa nació en el seno de una familia católica española tradicional del siglo XVI. Una familia numerosa: *"Éramos tres hermanas y nueve hermanos".*[37]

Hija de padres *"virtuosos y temerosos de Dios";*[38] poseedores de muchas virtudes.[39]

Lo mismo afirmará de sus hermanos: *"Todos parecieron a sus padres, por la bondad de Dios, en ser virtuosos".*[40]

En casa de la niña Teresa se solía leer, cosa extraña en la España de aquella época.[41] Dirá Teresa: *"Era mi padre aficionado a leer buenos libros, y así los tenía de romance* (es decir, en castellano, no en latín) *para que leyesen sus hijos éstos".*[42]

Teresa recuerda cómo su madre se ocupaba de enseñarla a rezar: *"Hacernos rezar"* y a *"ser devotos de nuestra Señora y de algunos santos".*[43]

Entre los seis y siete años ya la niña Teresa hacía oraciones y leía libros devotos,

---

[37] V 1, 4.
[38] V 1, 1.
[39] Cfr. V 1, 2.
[40] V 1, 4.
[41] En la España del siglo XVI más del 80% de la población no sabía leer ni escribir.
[42] V 1, 1.
[43] *Idem.*

fundamentalmente vidas de santos.[44] Esto encendió en ella grandes deseos de santidad por vía martirial.[45]

Junto a su hermano Rodrigo, construía pequeñas ermitas.[46] Rezaba el rosario, jugaba a ser monja.

Cuando murió su mamá, teniendo ella entre trece y catorce años, fue a una imagen de la Virgen; y, entre lágrimas, le rogó que fuera su madre.[47]

La adolescente Teresa perdió a su referente femenina, en una edad muy delicada de re-construcción de la propia identidad. Algo se quebró

---

[44] Vidas de santos (hagiografías) en las que se resaltaba lo extraordinario y sobrenatural. Según los cánones de santidad de esa época, las personas prácticamente ya nacían santas. En realidad, los santos "no caen del cielo", sino que "suben al cielo". El santo no nace, se hace. Santa Teresita del Niño Jesús dirá que la santidad consiste en hacer las cosas ordinarias extraordinariamente bien. Sobre la santidad en la vida ordinaria remito a la excelente exhortación apostólica *"Gaudete et exsultate"*, del papa Francisco. ¡No tiene desperdicios! La tesis central de ese documento nos dice que es posible ser santos hoy, viviendo, cada uno en su contexto, las bienaventuranzas.

[45] Teresa deseaba ser martirizada por Cristo, y así poder ir a gozarle eternamente en el cielo. Junto a su hermano Rodrigo se escapó un día de casa, salieron de las murallas y llegaron a "los cuatro postes"; según ellos, "tierra de moros", para ser "descabezados" por Cristo (cfr. V 1, 5). Un tío los sorprendió y regresó a casa.

[46] *"De que vi que era imposible ir adonde me matasen por Dios, ordenábamos ser ermitaños; y en una huerta que había en casa procurábamos, como podíamos, hacer ermitas, poniendo unas piedrecillas, que luego se nos caían"* (V 1, 5).

[47] Cfr. V 1, 5-7.

en el momento más delicado y determinante de la configuración de la psicología de una mujer.

La niña Teresa rezaba oraciones que aprendió de su familia; al parecer, fundamentalmente, de su madre. Hacía el rosario y otras devociones no especificadas, lo que acompañaba con "lectura espiritual" que la estimulaban (vidas de santos).

Podemos concluir que Teresa era una niña devota y espiritualmente sensible, lo que no era difícil en su contexto epocal y familiar.

Es importante intentar historiar nuestra oración. ¿Quién te enseñó a rezar? ¿Aprendiste a rezar en la niñez o ya en la adultez? ¿Cuáles eran tus primeras oraciones? ¿Recuerdas alguna oración de infancia que hace mucho no rezas?

Como datos afectivos importantes, en esta etapa de la vida de Teresa, resalto los siguientes:

1. La conciencia de ser amada.

Se sabía la más consentida, la hija predilecta de su padre (curiosamente, no dice lo mismo de su madre[48]): *"Era la más querida de mi padre".*[49] Lo

---

[48] ¿Tenía Teresa problemas con su mamá? El hecho de que hable del amor que todos le profesaban y el que ella tenía a todos, pero no hable del amor materno, ¿nos indicará algo herido en ese sentido? ¿Resentiría la Teresa de 50 años de edad (edad en la que re-interpreta su vida en su autobiografía), mujer y santa madura, algo a su madre? Es posible. Aunque es innegable que, al menos, había

enfatizará más adelante: *"Era tan demasiado el amor que mi padre me tenía"*.[50]

2. Conciencia de querer y amar.

"Tenía uno casi de mi edad[51] *(...), que era el que yo más quería"*.[52] En el contexto de la enfermedad y agonía final de su padre, dirá: *"Pareciéndome se arrancaba mi alma cuando veía acabar su vida, porque le quería mucho"*.[53]

3. Reciprocidad en el amar.

Teresa era amada y amaba:[54] *"Aunque a todos tenía gran amor y ellos a mí"*,[55] refiriéndose a sus hermanos.

En el seno familiar, Teresa fue una mujer rodeada básicamente de hombres. Su hermana mayor, María, tenía nueve años más que ella; y ella

---

entre ellas una relación de respeto y complicidad (leían a escondidas).

[49] V 1, 4.

[50] V 2, 7.

[51] Se refiere a su hermano Rodrigo, aproximadamente, año y medio mayor que ella.

[52] V 1, 5.

[53] V 7, 14.

[54] Por supuesto que la persona humana tiene siempre más capacidad de receptividad (recibir, ser amado) que de donación (dar, amar).

[55] V 1, 5.

superaba la edad de su hermana menor, Juana, por trece años. El resto, los cercanos en edad a Teresa, eran hombres.

La conciencia de ser el centro del afecto familiar, desarrolló en ella una tendencia a la co-dependencia: todo tenía que girar en torno a ella y ella había de girar en torno a todo y todos. Esta constante se constatará fácilmente a lo largo de su vida.

Teresa se hacía notar, se hacía necesitar. ¿Necesitaba que la necesitaran? Necesitaba ser el centro. Esto le traía el corazón desasosegado, inquieto, fragmentado, en una tensión psicológica permanente, básicamente de índole afectiva.

En el seno de una familia numerosa, Teresa rezaba, jugaba y amaba (sobre todo, era amada).

No hay que ser especialmente suspicaces para intuir que también era una familia con heridas, recelos y preferencias afectivas no disimuladas en un ambiente patriarcal.

Doña Beatriz, mamá de Teresa, leía libros de caballerías ("novelas rosas" de la época[56]) a escondidas de don Alonso, lo que Teresa también aprendió y hacía, siempre a escondidas. ¡No todo era transparente!

---

[56] *Don Quijote de la Mancha*, obra cumbre de la literatura española, es una sátira (crítica burlezca) a este tipo de libros. Los libros de caballerías eran novelas frívolas, llenas de picardía, fantasía, romanticismo, actos heroicos.

Tras la muerte de don Alonso, el 24 de diciembre de 1543, hubo mucha tensión familiar por el tema de la herencia paterna.

¡En realidad, heredaron más deudas que bienes!

La familia se dividió. Salieron los "trapos sucios" a relucir. Teresa sufrió muchísimo toda esa situación, al ver a su familia dividida, enfrentados unos contra otros.

Su sobrina Teresita, hija de su hermano Lorenzo, nacida en Ecuador, en algún momento se puso contra la tía que tanto la había acogido y apoyado.

Otra sobrina, priora de un monasterio fundado por la Santa, la echó de ese lugar, no de la manera más cristiana.

Teresa tenía un hermano "descarriado" y "loco" que era el "dolor de cabeza" de la familia.[57]

Su hermano Jerónimo tuvo una hija fuera del matrimonio y no se hizo cargo de ella.

Teresa consiguió que Lorenzo acogiera como hija a la muchacha.

¡Una familia como cualquier otra, con virtudes y defectos!

¡También con heridas!

---

[57] Su hermano Pedro, "conquistador" fracazado y repatriado, quien, a instancias de Teresa, vivía a expensas de su hermano Lorenzo (cfr. Carta del 10 de abril de 1580, dirigida a su hermano Lorenzo).

4.4.2. Segunda etapa: crisis de la adolescencia.

La lectura de los libros de caballerías abrió a la adolescente Teresa horizontes fantasiosos y románticos insospechados.

Ya no deseaba "morir por Cristo" para gozarle eternamente, sino ser rescatada por su "príncipe azul", de armadura dorada, cabalgante de brioso y elegante corcel.

No leía libros devotos que enardecían el anhelo del cielo, sino libros "románticos" que despertaban evocaciones de otra índole.

Confesará Teresa: *"Era tan en extremo lo que en esto me embebía, que, si no tenía libro nuevo, no me parece tenía contento".*[58]

¡A ese grado era dependiente de la literatura caballeresca! ¡Era como una adicción para ella!

El centro de interés y atención se movió en la adolescente.

La apariencia (el aparentar) pasó a ocupar un lugar fundamental: *"Comencé a traer galas*[59] *y a desear contentar en parecer bien,*[60] *con mucho cuidado de manos y cabello, y olores y todas las*

---

[58] V 2, 1.
[59] Vestirse elegantemente.
[60] Que los demás apreciaran su belleza. No pasar desapercibida. Vestía y se arreglaba para los demás.

vanidades que en esto podía tener, que eran hartas, por ser muy curiosa".[61]

El mundo de Teresa giraba en torno a la exterioridad. Buscaba aprobación externa en todo cuanto hacía.

Se empeñaba en agradar: *"Desear contentar en parecer bien".* ¡Despertó en ella la conciencia de mujer!

Esto no se limita sólo al aspecto físico, sino que, en realidad, lo físico no es más que un reflejo de la necesidad psicológica de atención y aprobación por parte de los demás.

¡Qué agotador cuando vivimos para agradar y caer bien, para ser tomados en cuenta y reconocidos!

Teresa se empeñaba (aunque no le costaba mucho; en realidad, era algo natural en ella) en "contentar" a los demás: *"En todas las cosas que les daba contento los sustentaba plática".*[62] Se refería a sus primos.

Más adelante dirá: *"Porque en esto me daba el Señor gracia, en dar contento adondequiera que estuviese, y así era muy querida".*[63]

Teresa se hacía querer. Confesará: *"En esto de dar contento a otros he tenido extremo, aunque a mí me hiciese pesar".*[64]

---

[61] V 2, 2.
[62] *Idem.*
[63] V 2, 8.
[64] V 3, 4.

El ambiente de los primos, criadas, una familiar que visitaba mucho la casa paterna, algún enamorado puntual, llevaron la atención de Teresa por el mundo de la vanidad.

Se consideraba muy amada por sus primos, *"teníanme gran amor"*, y muy apreciada por el mundo circundante.

Ella se las ingeniaba para salirse con las suyas siempre: *"Mi sagacidad para cualquier cosa mala era mucha".*[65]

¡Por supuesto que también su sagacidad para cualquier "cosa buena", sino no hubiese podido sacar adelante las fundaciones de sus monasterios! ¡Era una mujer muy sagaz!

De "pasatiempo en pasatiempo" y de "vanidad en vanidad", Teresa se fue enfriando en la virtud: *"De tal manera me mudó[66] esta conversación, que de natural y alma virtuoso no me dejó casi ninguna* (virtud)*, y parece me imprimía sus condiciones ella y otra que tenía la misma manera de pasatiempos".*[67]

La sabiduría popular será enfática: "Quien anda con un cojo, al año cojea"; "dime con quién andas y te diré quién eres". Por supuesto que esto no es siempre así. Siempre hay que matizar. De todos

---

[65] V 2, 4.
[66] "Mudar", en lenguaje teresiano, significa "cambiar". *"Me mudó esta conversación"*, significa: estas conversaciones me cambiaron, hicieron que cambiara.
[67] *Idem.*

modos, es importante saber elegir cuidadosamente nuestro círculo más íntimo de influencia.

En esta etapa, Teresa descuidó sus devociones. Perdió el fervor. Por temor a una deshonra, su papá la internó en un convento de monjas.[68] No para ser religiosa, sino como joven seglar. Allí estuvo alrededor de año y medio.

Por primera vez en su vida, Teresa vive ahora en un mundo de mujeres. Anteriormente, había vivido en un contexto circundante fundamentalmente masculino.

En contacto con el mundo monjil, Teresa recupera sus deseos de eternidad, su sensibilidad y práctica espiritual: *"Estuve año y medio en este monasterio harto mejorada. Comencé a rezar muchas oraciones vocales, y a procurar con todas me encomendasen a Dios que me diese el estado en que había de servir".*[69]

¡Entra en un proceso de discernimiento vocacional!

¿Cómo rezaba Teresa durante ese tiempo? Quizá encontremos una pista en el capítulo 9: *"Muchos años, las más noches, antes que me durmiese (…), siempre pensaba un poco en este paso de la oración del huerto, aun desde que no era monja… Comencé a tener oración, sin saber qué*

---

[68] En el monasterio de las agustinas de Santa María de Gracia, en Ávila.
[69] V 3, 2.

era".[70] Es decir que, casi todas las noches, antes de dormir, meditaba un poco, pensaba, en la agonía de Jesús en el huerto de Getsemaní.

En el Monasterio, Teresa comenzó a plantearse la vocación a la vida religiosa. Después de un tiempo de lucha, reflexión, búsqueda y lectura, se decidió por ese estado de vida.

Aquí tenemos una verdadera conversión en Teresa: de ser "enemiguísima de ser monja", pasó a considerar la cada vez más factible posibilidad; hasta, finalmente, decidirse por la vida monástica.

Una enfermedad hizo que saliera del Monasterio. Regresó a la casa paterna. Luego la llevaron a casa de su hermana mayor, María, en Castellanos de la Cañada, aprovechando de camino para pasar unos días en casa de su tío Pedro, quien la introdujo a la lectura de libros espirituales.

Poco a poco fue tomando gusto por la lectura, oración y reflexión personal. Esto significó un vuelco importante en Teresa: *"Diome la vida haber quedado ya amiga de buenos libros"*.[71]

---

[70] V 9, 4.

[71] V 3, 7. Detrás de cada decisión, conversión o paso importante en la vida de Teresa, siempre habrá un libro. Así, por ejemplo, las "Epístolas de san Jerónimo" fueron decisivas en su elección por la vida religiosa; el "Tercer Abecedario" de Osuna fue su introducción a la oración de recogimiento interior (que tanto la identificará y marcará su vida); las "Confesiones" de san Agustín están vinculadas a lo que se conoce como "la conversión de santa Teresa". En realidad, no existió sólo una "conversión" en Teresa, sino muchas.

¿De qué se trataba la enfermedad de Teresa? Cabe la posibilidad de una somatización: expresión física del malestar psicológico.

¡El cuerpo habla cuando la boca calla!

Su cuerpo pudo resentir toda la tensión y bullir interior.

Teresa vivió una fuerte tensión interior y psicológica en la búsqueda y discernimiento de su lugar en el mundo; en lo referente a qué estado de vida elegir: matrimonio o monja.

Optar por lo segundo implicaba, en gran medida, desarraigarse de su entorno familiar, separarse físicamente de los suyos. Aunque también es verdad que "quien se casa, casa quiere". Pero, aun así, la opción por la vida religiosa siempre implica una ruptura más radical. ¡Al menos eso suponía ella!

Don Alonso se oponía a que su hija predilecta se fuera de la casa paterna para encerrarse en un monasterio.

Cuenta Teresa: *"Era tanto lo que me quería, que en ninguna manera lo pude acabar con él, ni bastaron ruegos de personas que procuré le hablasen. Lo que más se pudo acabar con él fue que, después de sus días, haría lo que quisiese".*[72]

¡El apego y dependencia paterna!

La conversión dura toda la vida. Toda la vida es un proceso de conversión, de cambio, sanación y transformación.

[72] *Idem.*

A Teresa esto le podía mucho, por ello dirá: *"Yo ya me temía a mí y a mi flaqueza no tornase atrás".*[73]

¿Cuál "flaqueza"?

La dependencia afectiva con respecto a su padre. Por eso accionó rápidamente. Si lo piensa más, el afecto y apego le hubiese ganado.

Convenció a un hermano que se metiera a fraile, y se escapó con él, el 2 de noviembre de 1535, con veinte años de edad, al monasterio de La Encarnación.[74]

Por supuesto, debido a la dependencia afectiva, no sin pesar, dolor, sufrimiento, resistencia interior.

Ella misma lo cuenta de manera inmejorable: *"Acuérdaseme (…) que, cuando salí de casa de mi padre, no creo será más el sentimiento cuando me muera; porque me parece cada hueso se me apartaba por sí; que, como no había amor de Dios que quitase el amor del padre y parientes, era todo haciéndome una fuerza tan grande, que, si el Señor*

---

[73] *Idem.*

[74] ¿Por qué elige este monasterio y no otro? Al parecer, por razones afectivas: *"Concertamos entrambos de irnos un día, muy de mañana, al monasterio adonde estaba aquella mi amiga* (Juana Juárez)*, que era al que yo tenía mucha afición"* (V 4, 1); *"también tenía yo una grande amiga en otro monasterio, y esto me era parte para no ser monja, si lo hubiese de ser, sino adonde ella estaba. Miraba más el gusto de mi sensualidad y vanidad que lo bien que me estaba a mi alma"* (V 3, 2). Por supuesto que esta motivación inicial fue madurada y purificada posteriormente.

no me ayudara, no bastaran mis consideraciones para ir adelante. Aquí me dio ánimo contra mí".[75]

Sólo con la ayuda del Señor, "violentándose" a sí misma, pudo Teresa irse al monasterio de La Encarnación.

---

[75] V 4, 1.

4.4.3. Tercera etapa: tensión desgarradora.

Teresa entró al Monasterio a los 20 años de edad. A los 22 años (1537) hizo su profesión religiosa. Poco después aparece una "extraña enfermedad". ¿Se tratará, otra vez, de una somatización? Tal parece.

Teresa luchaba para liberarse del "mundo".[76] Ese "mundo" al que pretende renunciar para entregarse a Dios, ya que lo considera su polo opuesto, no es el mundo externo, sino su propio "mundo interior", el bullir inquieto y desparramado de su intensa y apasionada afectividad.

Por eso hablará del engaño y tentación de pretender escapar de un "mundo", para terminar encontrando "mil mundillos" dentro; poner el cerrojo, el candado, pero dejando el ladrón dentro de casa. En realidad, ¿de qué huyo cuando pretendo huir del mundo?

En el caso de Teresa, el "mundo", su "mundo psíquico", entra con ella al convento. ¡No podía ser de otra manera!

El "mundo teresiano" es, paradójicamente, introvertido y extrovertido, auto-referencial y

---

[76] Podemos entender la palabra "mundo" en tres sentidos: cósmico, antropológico y espiritual-moral. En sentido cósmico, el mundo es el conjunto de lo creado, el cosmos. En sentido antropológico, mundo es el conjunto de las personas. En sentido espiritual-moral, mundo es todo aquello que se opone a Dios, sea persona, actitud o cosa.

hetero-referencial (gravita y gira en torno a sí misma y en torno a los otros).

Teresa intenta "renunciar" al mundo de los afectos familiares, sin encontrar nuevas sedes afectivas. No encuentra cobijo para su corazón.

Deja, más bien, pretende "dejar", pero no encuentra.[77] Entabla una batalla interior: entre Dios y "mundo" (su mundo afectivo).

Tiene una profunda necesidad de agradar a todos; pero, ¿cómo hacerlo ahora en su condición monástica?

Después de hacer su profesión religiosa, Teresa entra en crisis. Escuchemos su relato: "*La mudanza de la vida y de los manjares* (el cambio de vida y alimentación) *me hizo daño a la salud; que, aunque el contento era mucho, no bastó. Comenzáronme a crecer los desmayos; y diome un mal de corazón tan grandísimo, que ponía espanto a quien le veía, y otros muchos males juntos*".[78]

Unos cinco años tuvo Teresa que sufrir esa extraña enfermedad. Hubo un momento (cuatro días) que le dieron por muerta. ¡Hasta la sepultura estaba preparada![79]

---

[77] Lo razonable sería "soltar" algo bueno, una vez que se haya encontrado algo mejor. Teresa quiere dejar lo bueno, pero aún no ha encontrado algo mejor.

[78] V 4, 5.

[79] Cfr. V 5, 9-10.

¡Duró tres años paralítica! Poco a poco se fue recuperando. Atribuye la sanación definitiva a san José.[80]

Más allá del "poder intercesor" de san José, considero pertinente prestar atención a un detalle muy interesante: es el José maestro de vida interior, maestro de oración, quien está implicado en la sanación "definitiva" de Teresa.

En palabras suyas: *"Quien no hallare maestro que le enseñe oración, tome este glorioso santo por maestro y no errará en el camino".*[81] Por ello recomendará: *"En especial personas de oración siempre le habían de ser aficionadas".*[82]

¡Claro, quien enseñó a orar a Jesús debe ser excelente maestro de oración!

Resalto ese detalle para dejar constancia de que su sanación, física y psíquica, está vinculada a la oración.

El conflicto interior afectivo, una deficiente alimentación y el cambio de estilo de vida están en el origen de la enfermedad de Teresa, cuyos síntomas coinciden, en gran medida, con la enfermedad del monasterio de las agustinas.

Ahora la tensión afectiva, y por consiguiente también la enfermedad, se manifiestan más intensamente.

---

[80] Cfr. V 6.
[81] V 6, 8.
[82] *Idem.*

Buscando la cura de su enfermedad, la llevan a Becedas, para que la vea una curandera.[83] De camino, hace una nueva parada en la casa del tío Pedro, quien le dio el libro de Osuna, *Tercer Abecedario*, donde aprendió los principios de la oración de "recogimiento interior".

En Becedas comenzó a confesarse con un sacerdote de cuestionable reputación. Que lo cuente ella: "*Pues, comenzándome a confesar con este que digo, él se aficionó en extremo a mí (…). No fue la afección de éste mala, mas de demasiada afección venía a no ser buena. Tenía entendido de mí que no me determinaría a hacer cosa contra Dios que fuese grave por ninguna cosa, y él también me aseguraba lo mismo, y así era mucha la conversación. (…), y con la gran voluntad que me tenía comenzó a declararme su perdición. Y no era poca, porque había casi siete años que estaba en muy peligroso estado con afección y trato con una mujer del mismo lugar*".[84]

Aquí sorprendemos a Teresa desarrollando una dependencia afectiva. Como se sentía querida,

---

[83] Alquien que buscaba "curar" a base de medicinas y métodos naturales: infusiones, brebajes, unguentos… En la actualidad, la palabra "curandera" quizá esté más relacionada a supercherías, supersticiones, brujería, santería. No era ese el sentido, al menos no el sentido primario, en tiempos de Teresa.
[84] V 5, 4.

se quedaba. Seguirá diciendo: "*A mí hízoseme gran lástima, porque le quería mucho, que eso tenía yo de gran liviandad y ceguedad, que me parecía virtud ser agradecida*".[85]

La gratitud le ataba afectivamente.

Confiesa Teresa: "*Tenía una grandísima falta de donde me vinieron grandes daños, y era ésta: que, como comenzaba a entender que una persona me tenía voluntad* (la quería) *y, si me caía en gracia* (si le caía bien), *me aficionaba* (se apegaba, enganchaba afectivamente, ¿enamoraba?) *tanto, que me ataba* (dependencia) *en gran manera la memoria a pensar en él, (…), holgábame de verle y de pensar en él y en las cosas buenas que le veía*".[86]

Teresa comienza a jugar un juego muy peligroso: hace que él se enamore de ella, para que deje a la otra mujer.

Son claras sus palabras textuales: "*Comencé a mostrarle más amor* (¿comenzó a enamorarlo?). *Mi intención buena era, la obra mala; pues, por hacer bien, por grande que sea, no había de hacer un pequeño mal*".[87]

Teresa es consciente de que el fin no justifica los medios.

Ella es consciente de los peligros y tentaciones: "*Porque aquella afición grande que me*

---

[85] *Idem.*
[86] V 37, 4.
[87] V 5, 6.

tenía nunca entendí ser mala, aunque pudiera ser con más puridad. Mas también hubo ocasiones para que, si no se tuviera muy delante a Dios, hubiera ofensas suyas más graves".[88]

La situación de exposición con el sacerdote provocó en Teresa una intensa tensión psico-somática (psicológica y física). La inquietó muy seriamente.

Desde entonces, su enfermedad se agravó aún más. La tensión interior llegó a un punto álgido.

Cuando se le escapó a la muerte, aunque aún muy enferma y paralítica, regresó al monasterio de La Encarnación.

Pasó años en la enfermería conventual.

Ni bien fue posible recibir visitas en el locutorio conventual (lugar en donde se reciben las visitas en los monasterios), se entabló de nuevo la batalla afectiva.

Se polarizan de nuevo los dos contrarios: Dios y "mundo". Venían a verla y hablar con ella hombres y mujeres; familiares y bienhechores a los que no se les podía decir que no.

Había penurias en el Monasterio. Entre aquellas 180 mujeres, algunas pasaban hambre. Las donaciones siempre eran bienvenidas; y Teresa garantizaba muchas.

Dice Teresa: "*Así comencé de pasatiempo en pasatiempo, de vanidad en vanidad, de ocasión en*

---

[88] *Idem.*

ocasión, a meterme tanto en muy grandes ocasiones, y andar tan estragada mi alma en muchas vanidades".[89]

La tensión entre Dios y "mundo" llega a un extremo radical: *"Deseaba vivir (que bien entendía que no vivía, sino que peleaba con una sombra de muerte) y no había quien me diese vida".*[90]

La suya es una radical tensión afectiva.

Se sentía y experimentaba como escindida en su interior; como si dos caballos briosos jalaran en sentido contrario de su corazón. Dirá ella: *"En la oración pasaba gran trabajo, porque no andaba mi espíritu señor, sino esclavo".*[91]

¡No era interiormente libre!

¿Cómo fue la oración de Teresa en esta etapa de su vida, entre sus 20 y 39 años de edad? Pues, un poco como su vida interior: tensa, seca, compleja, batallada...

La oración se le convierte en ejercicio doloroso. Teresa sufre su oración. ¡La oración le duele! Durante dieciocho, casi veinte años,[92] Teresa meditaba.[93] Lo intentaba. Pero, en medio de

---

[89] V 7, 1.

[90] V 8, 12.

[91] V 7, 17.

[92] Teresa hablará de *"dieciocho años"* (V 4, 9), *"casi veinte años"* (V 8, 2). En otro lugar dirá: *"Muchos años"* (V 11, 11).

[93] No sólo existe la meditación orante, o la oración de meditación. También existe la meditación filosófica. Quizá la diferencia

distracciones, sequedades, hastío, aburrimiento, falta de deseos, ayudándose de libros que la centraran.

Confiesa Teresa: *"Y muy muchas veces, algunos años, tenía más cuenta con desear se acabase la hora que tenía por mí de estar y escuchar cuando daba el reloj que no en otras cosas buenas. Y hartas veces no sé qué penitencia grave se me pusiera delante que no la acometiera de mejor gana que recogerme a tener oración"*.[94]

¡Interesantísima confesión de una orante humilde y honesta!

Teresa había decidido, libremente y por cuenta propia, "obligarse" a tener una hora diaria de meditación, de oración silenciosa, personal.

Nos cuenta que durante largos períodos ("algunos años") y con mucha frecuencia ("muy muchas veces"), esa hora se le hacía "insoportable", aburrida, tediosa. Prefería hacer cualquier cosa antes que "estar" ahí, sembrada ante la voz del silencio.

¿Por qué le era tan difícil la oración? Por varias razones: falta de maestros (guía adecuada, acompañamiento espiritual), ambiente comunitario desfavorable, incapacidad de "discurrir" (meditar, pensar estructuradamente) y la incoherencia de vida (lucha entre Dios y "mundo"). Básicamente, estas dos últimas razones.

---

fundamental radicará en el amor. La meditación filosófica no necesariamente calienta el corazón y despierta el amor. La meditación orante, sí. Al menos se supone.

[94] V 8, 7.

Teresa tenía problemas para concentrarse, razonar, pensar en un punto concreto de la fe o de la vida del Señor. La imaginación, a la que hay que hacer el caso que se le hace a una loca,[95] no ayudaba mucho a Teresa en su oración.

Sus pensamientos iban y venían, caóticamente, de un lado para otro. Por ejemplo, ella estaba recogida en oración, pensando en la pasión de Jesús.

De repente, se distrae y comienza a pensar en la comida, la ropa, la huerta, etc… Caía en la cuenta, intentaba centrarse de nuevo en su meditación, leía un poco, miraba una imagen… pero, rápidamente se iba de nuevo, divagaba, se dispersaba, la imaginación volaba.

Y así, toda una hora… cada día, ¡durante casi veinte años!

Eso también nos pasa a nosotros. Es lógico y comprensible que pase. Si en el día a día vivimos inmersos en mil y una cosas, no podemos pretender

---

[95] De ahí la famosa expresión de "la loca de la casa", refiriéndose a la mente. Aunque Teresa lo refiere a la imaginación, no precisamente a la mente (cfr. V 17, 7). Cuando la imaginación y los pensamientos van y vienen, y no logramos concentrarnos en la oración, ¿qué hay que hacer? Según Teresa no prestarle atención, hacer el caso que se le hace a un loco; es decir, ninguno. Aunque también es verdad que muchas veces no falta cordura en medio de la locura. ¡A veces los "locos" dicen grandes y muy cuerdas verdades! No olvidemos que a Jesús, en algún momento, lo tildaron de loco. ¡Incluso su madre y parientes llegaron a dudar de su cordura!

arrodillarnos e inmediatamente desconectar, centrarnos, sosegarnos.

¡No funcionamos en automático!

Venimos a Dios tal y como estamos, con luces y sombras, con nuestras batallas y agobios. Venimos a Dios con nuestras vidas.

Abrirle esa vida completa y caótica al Señor, tal y como es, eso (y no otra cosa) es oración.

Teresa confiesa: *"No me dio Dios talento de discurrir con el entendimiento ni de aprovecharme de la imaginación"*;[96] *"tenía tan poca habilidad para con el entendimiento representar cosas que, si no era lo que veía, no me aprovechaba nada de mi imaginación"*.[97]

En la oración la atormentaban los "pensamientos": *"Eran muchos* (entiéndase, los pensamientos) *que me atormentaban"*.[98]

En su libro *Camino de perfección* volverá sobre el tema: *"Pasé muchos años por este trabajo de no poder sosegar el pensamiento en una cosa"*.[99]

Aún en los altos estadios de la contemplación mística Teresa seguirá luchando con su imaginación incontrolable, "loca".

---

[96] V 4, 8.
[97] V 9, 6.
[98] V 9, 4.
[99] C 26, 2.

En realidad, la imaginación no es necesariamente una enemiga de la oración.

La oración no consiste, esencialmente, en un acto de concentración mental. No es una reflexión filosófica bien estructurada y argumentada en torno a un tema determinado. La clave no está en el pensamiento, sino en el amor.

Como suelo decir, la oración no es un acto de "estreñimiento corporal" sino de "ensanchamiento cordial". No consiste en "apretar", sino en "soltar"; soltarse en sus brazos, en el regazo del amor.

Teresa llegó a comprender que la esencia de la oración no es el "pensar", sino el "amar": *"El aprovechamiento del alma no está en pensar mucho, sino en amar mucho"*.[100]

Ella cae en la cuenta de que no todo el mundo puede "pensar mucho", pero sí "amar mucho": *"No está la cosa en pensar mucho, sino en amar mucho"*.[101]

El criterio fundamental de cómo proceder en la oración y qué hacer es el amor: *"Lo que más os despertare a amar, eso haced"*.[102]

¡La mejor oración será aquella que lleve a amar más!

---

[100] F 5, 2.
[101] 4M 1, 7.
[102] *Idem.*

Tenemos que hacer de la imaginación y de las "distracciones" aliados en el camino de la oración. ¿Cómo? Haciendo de los temas de distracción, temas de oración. ¿Cómo se hace eso?

Por ejemplo, estoy orando, meditando en la misericordia que Dios ha tenido conmigo. De repente, comienza la imaginación a volar, me "distraigo". La memoria se activa. Comienzo a recordar cosas del pasado.

Me viene a la mente, aparece en mi pantalla mental, esa persona que hace muchos años me hirió y aún no logro perdonar. Podría pensar: "Oh, no, esto no es posible, me estoy distrayendo de la oración".

Y yo pregunto: ¿no será, más bien, que orar por esa persona y abrirme a perdonarla, es el tema que el Señor desea dialogar conmigo en esa oración?

Yo deseo hablarle de su misericordia conmigo, pero quizá Él desee hablarme de cómo está mi grado de misericordia para con esa persona concreta que me vino al pensamiento.

Yo deseo hablar de una cosa, pero el Señor desea hablarme de otra. ¿Qué tema será el más importante?

¿Cuál es la real "distracción"?

Por supuesto, que si considero el pensar en esa persona, y el recuerdo de un pendiente con ella, una mera distracción, buscaré luchar, evadirlo, y reconcentrarme en la "oración".

Con ello, perderé la gracia de la oración, el don del momento presente. No escucharé la voz de Dios. ¡Voz que me viene a modo de "distracción"! En la oración, de entrada, no se puede rechazar ni descalificar nada. Todo es "orable".

Teresa sufrió intensamente su "limitación" en lo referente a no lograr "sosegar" y "concentrar" el pensamiento: *"Algunas veces me deseo morir, de que no puedo remediar esta variedad del entendimiento"*.[103]

Teresa era realmente distraída: *"Este entendimiento está tan perdido que no parece sino un loco furioso, que nadie le puede atar, ni soy señora de hacerle estar quedo un credo"*.[104]

¿Cuánto tiempo puede durar la recitación del *Credo*? ¿Tres minutos? Pues, ni siquiera eso podía Teresa estar centrada.

¡Increíble!

Muy distinto era el caso de Santa Teresita del Niño Jesús, quien afirmaba que no podía estar sin pensar en Dios ni dos minutos. Todo el tiempo le pensaba y estaba recogida en Él.

Cada uno es como es, tiene una historia, y es llevado por Dios por su camino y ritmos propios. ¡Dios no repite historias!

---

[103] C 31, 8.
[104] V 30, 16.

Para ayudarse, Teresa leía: *"Jamás osaba comenzar a tener oración sin un libro. (...). Con este remedio, que era como una compañía o escudo en que había de recibir los golpes de los muchos pensamientos, andaba consolada; porque la sequedad no era lo ordinario, mas era siempre cuando me faltaba libro, (...) con esto los comenzaba a recoger"*.[105]

La lectura espiritual es un recurso orante importante. Pero, hay que tener presente que la lectura espiritual es una cosa, y la oración otra.

Si vas al Santísimo y te pasas todo el tiempo leyendo, has hecho lectura espiritual,[106] pero no oración.

Es algo así como que venga un amigo a visitarme y yo no le hable, ni mire, ni escuche, ¿por qué? Porque estoy muy concentrado leyendo lo que publicó una revista sobre ese amigo.

¡No tiene mucho sentido!

La lectura espiritual es un medio, estímulo y recurso muy útil, sobre todo, en los comienzos, pero no es un fin en sí mismo.

---

[105] V 4, 9.

[106] ¡"Lectura espiritual", en el mejor de los casos! Recuerdo que un amigo leía novelas de Gabriel García Márquez en la capilla. ¡A eso llamaba oración! Con todo el mérito literario que puedan tener las novelas de García Márquez, no es precisamente el tipo de textos que calientan el corazón, lo abren a Dios y despiertan el amor.

La finalidad no es leer, sino establecer el contacto con Dios, caer en la cuenta, hacer conciencia, recogernos y centrarnos.

La niña mimada de toda lectura espiritual es la *Lectio divina*, la lectura orante de la Palabra. Hagamos un breve *excursus*.

El origen de la lectura espiritual de la Biblia en general y de la *lectio divina* en particular debe buscarse en la llamada "exégesis espiritual", la que surge debido a la necesidad de actualizar, por parte de los primeros cristianos, el Antiguo Testamento y su poder transformante para vivir más intensamente la experiencia de Dios.

Los Padres de la Iglesia, en general, hacían una lectura espiritual de la Escritura, acogiéndola como alimento sólido de su vida interior.

La *lectio divina* es una lectura orante de la Biblia. La *Dei verbum* nos dice: "*Recuérdese que a la lectura de la Sagrada Escritura debe acompañar la oración, para que se realice el diálogo de Dios con el hombre, pues a Dios hablamos cuando oramos, a Dios escuchamos cuando leemos sus palabras*".[107]

La *lectio divina* consta, básicamente, de dos partes: 1) escucha atenta de Dios en el texto; y, 2) respuesta orante de la persona, coloquio de amor que abre a la contemplación.

---

[107] *Dei verbum* 25ª. La constitución dogmática "Dei verbum", sobre la divina Revelación, es uno de los dieciséis documentos resultantes del Concilio Vaticano II (1962-1965).

Guido (monje cartujano medieval), sistematizó la *lectio divina* en cuatro momentos claramente definidos, pero íntimamente relacionados: *lectio, meditatio, oratio* y *contemplatio.*

Antes de comenzar el despliegue de estos cuatro momentos o etapas, invoca al Espíritu Santo, ya que las Sagradas Escrituras deben ser leídas con el mismo Espíritu con que fueron inspiradas y escritas.

¡Nadie conoce mejor un escrito que su autor!

Recomiendo crear un ambiente adecuado: silencio, alguna música especial para la ocasión, una Biblia, algún cirio o vela... hay quien se ayuda de un poco de incienso.

En fin, lo que más te ayude. Ahora, entremos en la experiencia, gradualmente, poco a poco, lentamente...

Lectio (lectura). Se trata de la Palabra leída y escuchada con despierto y atento corazón. Lee el texto con atención. Ve despacio.

Preferiblemente hay que elegir un texto pequeño (una parábola, un versículo, un salmo...) y sugerente, de acuerdo a tu situación actual. También se podría elegir un libro bíblico completo e irlo orando poco a poco.

Para que te sorprendas de la fuerza viva de la Palabra, puedes hacer *lectio* varias veces con un mismo texto. ¡Cada día te dirá, y hará en ti, algo nuevo!

No se trata de leer mucho para llenar el intelecto, sino de calentar el corazón y despertar el amor.

Una recomendación: si planificas hacer *lectio divina* con un capítulo de unos veinte versículos, por ejemplo; pero, comienzas a leerlo y ya en el primer versículo encuentras "jugo espiritual", un "punto cálido", algo que te interpele, detente. No leas más. En ese versículo, el Espíritu de la Palabra te salió al encuentro. Dios te dio "alimento espiritual". ¡Ya alcanzamos el objetivo de la *lectio*!

Meditatio (meditación). Entender y comprender lo que dice la Palabra. Se trata de entrar en el significado de la Palabra: ¿qué dice? ¿Qué me dice? ¿Quién me lo dice?

El objetivo no es hacer una exégesis o hermenéutica académica, científica, del texto; sino buscar "jugo", "sustancia", para poder comenzar un diálogo de amor con el Señor, a través de esa Palabra.

Aquí es necesario un cierto esfuerzo mental, pensar qué dice ese texto, escucharlo sin prejuicios.

Oratio (oración). Se establece el diálogo, mi palabra responde a la Palabra. Es la etapa del dulce coloquio de amor entre amantes.

Orar, dialogar con el Señor, aquello que la meditación me dio ya masticado. Aquí brota viva la oración, fluye.

Es el momento del *"trato de amistad... con Aquél que sabemos nos ama"*. Hablo, interpelo, planteo, digo... y, callo para entrar en la contemplación.

Contemplatio (contemplación). Es el momento de encarnación y epifanía (manifestación) de la Palabra. Ante la manifestación de Dios, me postro, adoro, contemplo, callo, escucho.

¡Silencio ante la Palabra!

Miradas cómplices de amor. Santa Teresa dirá: *"No os pido ahora que penséis en él, ni que saquéis muchos conceptos, ni que hagáis grandes y delicadas*

116

consideraciones con vuestro entendimiento; no os pido más de que le miréis".[108]

Es el juego de las silenciosas miradas de los amantes. Es el momento, en lenguaje de Juan de la Cruz, de la *"atención amorosa"*.

¡Un silencio de amor lo envuelve todo!

Los cuatro momentos de la *lectio divina* fueron sintetizados, a modo de máxima espiritual, por Juan de la Cruz, siguiendo a Guido el cartujano, del modo siguiente: *"Buscad leyendo y encontraréis meditando; llamad orando y abriros han contemplando"*.

Guido decía: *"La lectura lleva el alimento sólido a la boca, la meditación lo parte y lo mastica, la oración lo saborea, la contemplación es la misma dulzura que da gozo y recrea"*.

La *lectio divina* tiene un enorme poder terapéutico. En el contexto de la misa católica, cuando el sacerdote presenta el cuerpo de Jesús, recién consagrado, la asamblea responde: *"Señor, no soy digno de que entres en mi casa, pero una palabra tuya bastará para sanarme"*.

¡Una sola palabra suya basta para sanarnos! ¡Qué no harán en nosotros tantas palabras divinas… rumiadas, meditadas, oradas, contempladas!

Ante el poder hiriente de las palabras, la *lectio divina* nos presenta el poder sanador de las palabras.

¡Regresemos a Teresa!

---

[108] C 26, 3.

En un momento dado, tras la prohibición por parte de la Inquisición de muchos libros espirituales, el Señor invita a Teresa a tomarle y verle como a su libro vivo; lo que implicaba, entre otras muchas y más importantes cosas, superar su dependencia literaria. Fue en 1559, exactamente. El Señor le dijo: *"No tengas pena, que yo te daré libro vivo"*.[109]

Otro recurso utilizado por Teresa para centrarse en la oración era la contemplación de la naturaleza, buscar en el libro de la Creación las huellas del Creador: *"Aprovechábame a mí también ver campo o agua, flores; en estas cosas hallaba yo memoria del Criador, digo me despertaban y recogían y servían de libro"*.[110]

Todo lo creado tiene la firma, las huellas, de Dios. Por eso Juan de la Cruz, en su búsqueda de Dios, descrita poética e insuperablemente en el *Cántico espiritual*, preguntará a la naturaleza por su Dios:

¡Oh bosques y espesuras
plantadas por la mano del Amado!
¡Oh prado de verduras
de flores esmaltado!,
decid si por vosotros ha pasado".[111]

---

[109] V 26, 6.
[110] V 9, 5.
[111] *Cántico espiritual*, estrofa 4.

A lo que la naturaleza responde emocionada:

"Mil gracias derramando
pasó por estos sotos con presura,
y, yéndolos mirando,
con sola su figura
vestidos los dejó de hermosura".[112]

¡Por supuesto que la presencia de la persona amada es insustituible, irreductible, insuperable! ¡Ningún mensaje o mensajero podrá jamás suplirla!

También ayudaba a Teresa *"traer una imagen, o retrato del Señor"*.[113]

Comenzaba mirando la imagen del Señor, para luego terminar contemplando al Señor de la imagen.

Teresa aprendió a no luchar contra la imaginación. La verdadera batalla no debía ser contra la imaginación.

El auténtico conflicto interior no era entre pensamiento centrado e imaginación desparramada, sino entre Dios y "mundo". ¡No lo olvidemos!

Lo más fuerte y dificultoso para Teresa no era su incapacidad de concentración, sino la conciencia

---

[112] C, estrofa 5.
[113] C 26, 9.

de su "doble vida", la incoherencia, la tensión entre Dios y "mundo", la situación afectiva.

Confesará: *"En la oración pasaba gran trabajo, porque no andaba el espíritu señor, sino esclavo; y así no me podía encerrar dentro de mí, (...), sin encerrar conmigo mil vanidades".*[114]

¡Teresa no tenía libertad interior!

¡Estaba afectivamente atada!

Y, sin embargo, el Señor, en su exquisita pedagogía, enamoraba y conquistaba a Teresa con "regalos". Ella lo sabía: *"Con regalos grandes castigabais mis delitos".*[115]

¡Antes se cansó ella de "ofenderlo" que Él de perdonarla!

La descripción teresiana de la tensión es insuperable: *"Sé decir que es una de las vidas penosas que me parece se puede imaginar; porque ni yo gozaba de Dios, ni traía contento en el mundo. Cuando estaba en los contentos del mundo, en acordarme lo que debía a Dios, era con pena; cuando estaba con Dios, las afecciones del mundo me desasosegaban".*[116]

¡Fueron dieciocho años así![117]

La oración la desnudaba ante sí misma, allí se descubría en sus limitaciones e incoherencias: *"En la oración entendía más mis faltas".*[118]

---

[114] V 7, 17.
[115] V 7, 19.
[116] V 8, 2.
[117] Cfr. V 8, 3.

Teresa rezaba mucho, pero no vivía su oración. Quería orar y vivir a su antojo: *"Procuraba... tener oración, mas vivir a mi placer"*.[119]

Ahí estaba el problema, porque *"regalo y oración no se compadece"*.[120]

¡La oración "obliga" a poner un poco de orden en la propia vida!

En medio de su tensión afectiva, tomó la peor decisión posible: dejó de orar.

Pensaba que si su vida no era auténtica, tampoco lo sería su oración. Hacía la oración litúrgica, formal, pero no oración personal, silenciosa.

En sus propias palabras: *"Estuve un año, y más, sin tener oración"*.[121] Pactó con la mediocridad, se rindió, optó por el camino "de los muchos", bajó el nivel de exigencias.

Dejemos que lo confiese ella misma: *"Parecíame era mejor andar como los muchos, pues en ser ruin era de los peores, y rezar lo que estaba obligada, y vocalmente, que no tener oración mental* (oración consciente) *y tanto trato con Dios"*.[122]

¡Teresa tomó la decisión equivocada!

---

[118] V 7, 17.
[119] V 13, 6.
[120] C 4, 2.
[121] V 7, 11.
[122] V 7, 1.

Experimentar la propia incoherencia y miseria de vida no debe llevar nunca al abandono de la oración, sino a su intensificación.

Dejar de orar porque se peca mucho es un absurdo. Es tan absurdo como el enfermo que deja de tomar los medicamentos e ir al médico porque arrecia su enfermedad.

¡Justamente es cuando se debe orar más!

¿Qué le pasó a Teresa cuando dejó la oración personal? Que lo diga ella misma: *"El tiempo que estuve sin ella era mucho más perdida mi vida"*.[123]

Confiesa que muchas veces en ese tiempo faltó a Dios, *"por no estar arrimada a esta fuerte columna de la oración"*.[124]

Por eso insistirá enfáticamente, casi como un ruego: *"Por males que haga, quien la ha comenzado no la deje, pues es el medio por donde puede tornarse a remediar y, sin ella, será muy más dificultoso"*.[125]

¿Y si aún no la he comenzado? *"Quien no la ha comenzado, por amor del Señor le ruego yo no carezca de tanto bien"*.[126]

Teresa cree en el poder y fuerza transformadores de la oración: *"Si en ella persevera (por pecados y tentaciones y caídas de mil maneras*

---

[123] V 19, 11.
[124] V 8, 1.
[125] V 8, 5.
[126] *Idem.*

que ponga el demonio), en fin, tengo por cierto la saca el Señor a puerto de salvación".[127]

Perseverar en la oración es la clave. Veas lo que veas, hagas lo que hagas, pase lo que pase, no dejes la oración.

En palabras de Teresa: *"Ahora, pues, tornando a los que quieren beber de este agua de vida, y quieren caminar hasta llegar a la misma fuente, cómo han de comenzar, y digo que importa mucho, y el todo (...), una grande y muy determinada determinación de no parar hasta llegar a ella, venga lo que viniere, suceda lo que sucediere, trabaje lo que trabajare, murmure quien murmurare, siquiera llegue allá, siquiera me muera en el camino o no tenga corazón para los trabajos que hay en él, siquiera se hunda el mundo"*.[128]

¡Impresionantes y enfáticas palabras!

Lo repito y no me cansaré de repetirlo, subrayándolo todas las veces necesarias: ¡no dejes la oración!

¡A mayor incoherencia: más oración!

La oración no es un premio para los buenos, sino el alimento, remedio y fortaleza para los enfermos.

¡Para nosotros!

---

[127] V 8, 4.
[128] CE 35, 2.

4.4.4. Cuarta etapa: experiencia mística e integración afectiva.

En torno a los veintidós o veintitrés años, Teresa comenzó a experimentar una "oración mística". La oración como gracia, como mero don. Es el agua que fluye, manantial que salta hasta la vida eterna.

La "mística" no es algo extraño reservado a una clase espiritual privilegiada. Es vivir conscientemente aquello que creemos, o que al menos "decimos creer".

Para el gran teólogo alemán Karl Rahner, la mística debería ser el desarrollo normal de un creyente que se toma en serio su fe.

Escuchemos a Teresa: *"Comenzóme su Majestad a hacer tantas mercedes en estos principios, que al fin de este tiempo que estuve aquí*[129] *(...), comenzó el Señor a regalarme tanto por este camino, que me hacía merced de darme oración de quietud, y alguna vez llegaba a unión".*[130]

¿Qué es "oración de quietud" y "unión"?

"Oración de quietud" es un grado de oración, un tipo de relación con Dios, una experiencia infusa (no provocada humanamente), una acción de Dios mediante la cual Él aviva en nosotros la conciencia

---

[129] "Aquí": en la casa de su tío Pedro.
[130] V 4, 7.

124

de su Presencia. Es como un despertar, de repente, sin buscarlo, y darnos cuenta de que Él está aquí, ahora, conmigo, realmente. Es una conciencia de su Presencia dentro de nosotros, no fuera; una intensa experiencia de recogimiento.

Se engancha la voluntad (amor, afecto, deseos). El entendimiento (razón) y la memoria ayudan, pero quedan libres. Es una experiencia y gozo interior que se desborda y se siente externamente.[131]

"Unión" es otro grado de oración, otro nivel más elevado, profundo y completo de relación. Es una acción fuerte de Dios, de la gracia, en que la persona sólo recibe. ¡Mucho ayuda quien no estorba"! Sólo toca "dejarse hacer". Es una invasión de su Presencia.

La voluntad es cautivada. El entendimiento trasciende y se abre a infinito. La memoria se "esperanza" sobrenaturalmente. Una conciencia plena, inconmovible, indubitable de que Dios está presente en el interior.

En la unión hay grados. Es una experiencia procesual.[132] Teresa en este contexto se refiere a la "unión simple", no a la unión plena, no al matrimonio espiritual.

---

[131] Para una visión más completa, cfr. V 14-15; C 30-31; 4M 2-3; CC 54, 4.
[132] Cfr. V 18, CC 54, 6; 5M 2 y 4.

Sólo indico de paso algunas características de esos dos "grados de oración" (quietud y unión), ya que Teresa los menciona, para entendernos. No es este el lugar para ahondar más en ello.

Teresa, como hemos visto, tuvo, relativamente joven, grados místicos de oración, pero sólo como experiencias aisladas, puntuales e intermitentes.

Tuvo "experiencias", pero no "la experiencia".

El "estado místico" es algo permanente.

Lo que tuvo Teresa en su juventud (22/23 años) fue algo no permanente. Después de esas experiencias puntuales vinieron los casi veinte años de la oración difícil, que previamente hemos descrito.

La cuaresma de 1554, ante una imagen de Cristo, contando Teresa con treinta y nueve años de edad, marca un antes y un después en su vida.

Teresa cierra el capítulo 8 de su *autobiografía* luchando contra *"una sombra de muerte"*.[133] La tensión interior (afectiva), la batalla entre Dios y "mundo", alcanza un grado extremo.

La cuerda de su interioridad estaba tensada a lo máximo posible. Tenía que romperse por algún lado: opta por Dios o por el mundo; por todo, o por

---

[133] V 8, 12.

nada. Vive o muere. Después de dieciocho años de lucha, Teresa ya no podía más con su vida. Estaba al borde del colapso psicológico.

O el Señor hacía algo (intervenía con fuerza) o Teresa se moría, o terminaba en un psiquiátrico.

Finalmente, el "milagro" sucedió. Pero, ¡atención!: fue un milagro luchado, trabajado, sudado... ¡durante dieciocho años! No ocurrió mágicamente, de la noche a la mañana.

¡No existe nada más delicioso que la experiencia de un milagro esperado, larga y pacientemente, durante años!

¿Qué le sucedió a Teresa?

Dejemos que ella misma lo cuente:

"Pues ya andaba mi alma cansada y, aunque quería, no la dejaban descansar las ruines costumbres que tenía. Acaeció me que, entrando un día en el oratorio, vi una imagen que habían traído allí a guardar, (...). Era de Cristo muy llagado y tan devota, que, en mirándola, toda me turbó de verle tal, porque representaba bien lo que pasó por nosotros. Fue tanto lo que sentí de lo mal que había agradecido aquellas llagas, que el corazón me parece se me partía, y arrojéme cabe él con grandísimo derramamiento de lágrimas, suplicándole me fortaleciese ya de una vez para no ofenderle".[134]

---

[134] V 9, 1.

Intentemos entrar en los detalles internos del relato que pueden pasar desapercibidos a un lector no atento.

Primero, Teresa comienza hablando de una "imagen", pero termina hablando no de la imagen, sino de la persona de Jesús. Ella vio la imagen, se conmovió mucho, comenzó a llorar; y, de repente, el mismo Señor se hace presente. Teresa se arrojó a los pies de Jesús, no de la imagen de Jesús. Tuvo un encuentro con el "crucificado-resucitado". Fue un encuentro personal, íntimo, profundo, determinante.

Segundo, algo se movió en su corazón: "*El corazón parece se me partía*", dirá Teresa. No se refiere al corazón física, sino simbólicamente: como sede de la interioridad y afectividad. ¡Es su afecto el que se rompe!

La tensa cuerda de su afectividad termina rompiéndose. Algo se quebró en ella. Al menos quedó pendiendo de un fino hilo, de una "hilacha".

¿Qué cambió en Teresa a partir de esa experiencia? Pues, prácticamente todo, o casi todo. Ella dirá: "*Estaba ya muy desconfiada de mí y ponía toda mi confianza en Dios*".[135]

Teresa se rindió al amor. Al menos eso parece. Su centro afectivo se movió. ¡Se le movió el piso! Ahora el centro pasó a ser Jesús.

Desde entonces, "toda" su afectividad pasará, de alguna manera, por el corazón de Jesús; aunque

---

[135] V 9, 3.

aún no plenamente. Quedaba alguna rendija abierta en otra dirección, algún "desaguadero". Teresa no dejó de amar a los suyos, pero ahora los ama cada vez más en Dios. Y, por lo tanto, los ama más y mejor.

Ese encuentro con Jesús parte en dos el universo de Teresa. Dirá ella: *"Es otro libro nuevo de aquí adelante, digo otra vida nueva. La de hasta aquí era mía. La que he vivido desde que comencé a declarar estas cosas de oración es que vivía Dios en mí, a lo que me parecía. Porque entiendo yo era imposible salir en tan poco tiempo de tan malas costumbres y obras. Sea el Señor alabado, que me libró de mí"*.[136]

El problema de Teresa no era el "mundo externo", los demás; sino su "mundo interno", su afectividad, ella misma. Por eso dice que el Señor la libró de ella misma. El Señor la hizo afectivamente libre.

Teresa es consciente del cambio: *"Fui mejorando mucho desde entonces"*;[137] *"comenzando a quitar las ocasiones y a darme más a la oración"*.[138]

También es consciente de la intervención del Señor: *"Porque entiendo yo era imposible salir en tan poco tiempo de tan malas costumbres"*.[139]

---

[136] V 23, 1.
[137] V 9, 3.
[138] V 23, 2.
[139] V 23, 1.

A partir de 1554, Teresa experimenta una invasión permanente de gracias místicas: locuciones, visiones (imaginarias e intelectuales), sueño de potencias, arrobamientos, éxtasis, levitaciones, transverberaciones...

¿Ya toda su afectividad quedó sanada, integrada, en 1554? ¡No! En Pentecostés del año 1556, sí. ¿Qué sucedió? Su sanación definitiva la obró el Espíritu Santo (el "cirujano de profundidades", como me gusta llamarlo).

Su confesor, el padre Prádanos, le pidió que invocara al Espíritu Santo, a través del himno *Veni, Creator Spiritus* (ven, Espíritu creador), para que la iluminara con respecto a un apego afectivo con unas "amistades". Lo hizo y allí obtuvo la gracia, el bálsamo, la sanación.

Que lo cuente ella: "*Comencé el himno y, estándole diciendo, vínome un arrebatamiento tan súbito, que casi me sacó de mí, cosa que yo no pude dudar, porque fue muy conocido. Fue la primera vez que el Señor me hizo esta merced de arrobamientos.*[140] *Entendí estas palabras: 'ya no quiero que tengas conversación con hombres, sino con ángeles'*".[141]

Esas palabras no se le dijeron externamente, sino "*muy en el espíritu*". Se trató de una locución

---

[140] Para comprender a qué llama Teresa "arrobamientos", cfr. V 20; CC 54, 9.
[141] V 24, 5.

interior. Es como si la Palabra divina calara y penetrara lo más íntimo de su afectividad. El *dulce huésped del alma*, la "llama de amor viva", sopló sobre su corazón. Teresa fue recreada por la fuerza regeneradora de la Palabra.

¿Qué cambió en Teresa? Que lo diga ella: *"Nunca más yo he podido asentar en amistad ni tener consolación ni amor particular sino a personas que entiendo le tienen a Dios* (tienen amor a Dios) *y le procuran servir; ni ha sido en mi mano, ni me hace al caso ser deudos* (familiares) *ni amigos"*.[142]

Teresa supera los "particularismos afectivos", aunque no las "preferencias afectivas". Lo primero se decide, lo segundo es espontáneo. Hasta el final de su vida tuvo su "desaguadero" afectivo.

Hubo más cambios: *"Desde aquel día yo quedé tan animosa para dejarlo todo por Dios"*.[143] El Señor la hizo libre: *"Sea Dios bendito por siempre, que en un punto me dio la libertad que yo, con todas cuantas diligencias había hecho muchos años había, no pude alcanzar conmigo, haciendo hartas veces tan gran fuerza, que me costaba harto de mi salud"*.[144]

---

[142] V 24, 6.
[143] V 24, 7.
[144] V 24, 8.

Aquí Teresa conecta directamente sus problemas de salud física con su lucha interior (somatización).

La oración (lenta, paciente, pero muy eficazmente) sanó y transformó a Teresa. No cuando ella quiso, sino cuando el Señor entendió que era el momento. A Teresa le tocó orar, "pedir"; al Señor, "dar", en el momento oportuno.

4.5. La oración que sana y transforma.

A los cincuenta años de edad, en 1565, Teresa escribe la versión definitiva del libro de la Vida, su *autobiografía*.[145] Este libro tiene una tesis fundamental: *la oración sana y transforma la vida*.

Para demostrarlo, Teresa nos cuenta su vida; como diciendo: "Miren cómo sanó y transformó la mía". Lo hemos mostrado ampliamente a través de toda la vida de Teresa.

Pero, no es cualquier oración la que gesta el afanoso milagro. Por lo tanto, se impone una pregunta: ¿cuál es la oración que sana y transforma?

Respuesta de Teresa: "*Tratar de amistad, estando muchas veces tratando a solas con quien sabemos nos ama*".[146]

La anterior descripción[147] contiene los cuatro elementos esenciales de una oración sanadora y transformante:

Relación.
Hábito.
Condiciones psico-físicas.
Imagen de Dios.

Analizaremos cada uno de estos elementos

---

[145] Había escrito una primera versión, que luego desapareció, entre 1561 y 1562.
[146] V 8, 5.
[147] Teresa no define la oración, sino que la describe.

4.5.1. Relación:
"Tratar de amistad".

La oración necesita momentos fuertes, tiempos densos dedicados explícitamente a orar, a *"estarse amando al amado"*; pero, la finalidad es la relación viva, el contacto íntimo, llegar a un estado permanente de conciencia de la Presencia.

Como toda relación, tiene retos, obstáculos, momentos inciertos, experiencias desconcertantes, incomprensiones, comprensiones, gozos, alegrías, descubrimientos, etapas, ciclos relacionales, códigos comunicativos, etc…

En esta relación con Dios, que es la oración, como en las relaciones humanas, habrá "noches oscuras" y "días soleados"; experiencias fruitivas y otras dolorosas; habrá un poco de todo.

La oración es una relación basada en la confianza, la cercanía y el amor; pero, también se experimentará la incertidumbre, lejanía, silencios insoportables, aparentes ausencias.

Con frecuencia se llegará a dudar de si realmente hay un diálogo, y no sólo un monólogo, un soliloquio.

No sabe uno si estará siendo escuchado, o simplemente estará gritando al viento, profiriendo palabras al silencio.

Con la oración no pasa como con el *WhatsApp*. En el diálogo con Dios no existen dos "palitos" azules, indicando que el mensaje llegó y hemos sido leídos. Muchas veces tenemos la ligera impresión de que el mensaje ni siquiera ha salido de nosotros: no hay más que un "palito" gris.

Si la relación es una relación de amistad, entonces en todo lugar y momento se puede orar, porque se es amigo siempre, no sólo cuando nos reunimos en un determinado lugar.

No se ama sólo en un horario y lugar determinado.

El amor es una experiencia totalizante: lo abarca, envuelve y baña todo.

Teresa lo dirá inmejorablemente: *"El verdadero amante en toda parte ama y siempre se acuerda del amado"*.[148]

Y, por si no queda claro, enfatizará: *"¡Recia cosa sería que sólo en los rincores se pudiese traer oración!"*.[149]

Hay lugares que ayudan más que otros al recogimiento, concentración, despertar la conciencia de su Presencia. Pero, la oración, como el amor, no se debe limitar a esos "rincones": capillas, oratorios, santuarios…

La oración va conectada a la vida: es vida, vida espiritual, vida en el Espíritu. Por eso, el gran tema de la oración es la vida… tu vida.

¿De qué se habla con un amigo íntimo? De la vida. Entre amigos se comparte la vida.

---

[148] F 5, 16.
[149] *Idem.*

En la actualidad se habla mucho del divorcio entre fe y vida: la fe (lo que se cree, o se dice creer) por un lado y lo que se vive por otro. Pero, creo que, en el fondo, el verdadero divorcio es entre oración y vida.

Hay que orar la vida para poder vivir la oración. La vida se lleva a la oración y la oración a la vida.

La vida se discierne en la oración y la oración se discierne en la vida. Si tu oración no cambia tu vida, entonces cambia tu oración.

¿De qué hablaba Teresa con Dios? De todo, hasta de lo impensable e inimaginable. Si le preguntáramos: "Teresa, ¿de qué nos sugieres hablar con Dios?"; ella respondería: *"No oraciones compuestas, sino de la pena de vuestro corazón, que las tiene él en muy mucho"*.[150]

¿Cuáles son las penas de tu corazón? Háblale a tu Señor de ellas, porque para Él son muy importantes, *"las tiene él en muy mucho"*.

Nuestras heridas interiores importan mucho al Señor. ¡Si lográramos al menos intuir, barruntar, cuánto le importamos al Señor, moriríamos de emoción!

¿Dónde se habla con los amigos? En cualquier lugar, allí donde sea posible: casa, oficina, calle, restaurante, baño…

---

[150] C 26, 6.

Cuentan que en cierta ocasión el cura de Ars, Juan María Vianney estaba rezando el rosario en una letrina. El demonio, que solía tentarlo y molestarlo, se apareció para cuestionar su oración en ese lugar. ¡Claro que no quería que orara en ningún lugar!

Dicen que le dijo: *"Pero Vianney, ¿cómo es posible que tú le hables a esa mujer que dicen ustedes que es la madre de su Dios en un lugar tan sucio y poco propicio como una letrina?"*.

A lo que el cura, con pícara y sabia ocurrencia, le contestó: *"Pues, lo hago sin ningún problema, porque lo que está subiendo es para ella y lo que está bajando es para ti"*.

¡El cura de Ars también era amigo en la letrina!

Sí, también se puede orar en el baño. De hecho, conozco personas que en medio de sus ajetreados días, carentes de toda privacidad, sólo pueden sosegarse y centrarse un poco en ese "trono".

Si eres mujer, sabes que los baños tienen un atractivo especial para charlar con tus amigas. Pues, debería ser similar la confianza con el "Amigo".

Alguien me comentaba que siempre que se baña disfruta enormemente la sensación del agua cayendo sobre su cuerpo. Piensa en Dios, en el derroche y derramamiento de la gracia, en el agua viva, y de allí sale una exquisita experiencia orante.

¡También se puede dialogar con el Señor tomando un sorbo de café o compartiendo una copa de vino!

Teresa decía a sus monjas: *"Cuando la obediencia os trajere empleadas en cosas exteriores, entended que, si es en la cocina, entre los pucheros anda el Señor, ayudándoos en lo interior y exterior".*[151]

Esto hay que parafrasearlo:

Si es manejando, en la calle contigo va el Señor.

Si es trabajando, trabajando contigo está el Señor.

Si es almorzando, comiendo contigo está el Señor...

Lo que falta no es Presencia, sino consciencia de esa Presencia.

---

[151] F 5, 8.

4.5.2. Hábito:
"Estando muchas veces".

Crear el hábito de "estar", intentar "estar conscientemente" (con *"consideración"*, dirá la Santa), es la tarea que nos toca. Cansados, aburridos, distraídos, con gusto, a disgusto, a una hora u otra, en una postura o la contraria: ESTAR.

Se trata de hacer del "estar" un hábito, crear un espacio interior, despertar la conciencia refleja de una profunda e imperiosa necesidad personal.

El aspecto práctico e insustituible del "estar" nos refiere a un tiempo diario, mínimo e innegociable, en que, muchas veces, tocará "obligarnos" a "estar", hasta superar una cierta resistencia interior al recogimiento.

Suelo recomendar, por lo menos, quince minutos diarios, para "estar", sólo para "estar".

No se trata de limitar toda la vida de oración (todo el "trato de amistad") sólo a este tiempo "mínimo". Éste sólo es un tiempo pedagógico, para abrir el apetito.

Prestando atención a nuestro proceso interior y con un acompañamiento espiritual adecuado, hemos de revisar ese tiempo periódicamente.

Con respecto a la oración, en realidad, lo único y mejor que podemos hacer es "ponernos" en oración, "estar". Sentir o no sentir, ver o no ver, oír o no oír, no es cuestión nuestra.

Una sensación especial, sobrenatural, milagrosa, extraordinaria... sólo le corresponde a Dios provocarla, realizarla en nosotros.

En la oración hay cosas que nos toca hacer a nosotros; y otras, la mayoría, corresponde a Dios hacerlas. Pues, eso que nos toca a nosotros es simplemente: "estar", ponernos a orar.

A orar sólo se aprende orando. Haber leído todos los libros existentes sobre oración, aún no es oración.

Federico Ruíz estaba claro: "*Sobre oración sabemos casi todo, menos orar*".[152] Y eso que nos falta saber, sólo se aprende haciéndolo.

¡Con cuanta frecuencia nos quejamos de que no tenemos tiempo para orar! ¿Será el tiempo el verdadero problema? ¿Realmente no tenemos tiempo para orar? En ese sentido, me resulta interesante un comentario de Bloom:

"No voy a tratar de convencerle de que tiene mucho tiempo y puede orar si quiere; quiero hablar de administrar el tiempo en medio de las tensiones, la agitación de la vida. No le voy a explicar cómo conseguir tiempo: sólo diré que si tratamos de perder un poco menos, tendremos más. Si usamos las migajas del tiempo que perdemos para obtener pequeños momentos de retiro y oración,

---

[152] F. Ruíz Salvador: *Caminos del Espíritu*, EDE, Madrid, 1978, p. 287.

descubriremos que hay grandes cantidades de tiempo. Si piensa en la cantidad de minutos al día en que únicamente estamos haciendo algo porque nos asusta estar solos con nosotros mismos, se dará cuenta de que hay muchos minutos que nos pueden pertenecer a nosotros y a Dios al mismo tiempo".[153]

¡Sin comentarios!

Tenemos que desengañarnos de una vez y por todas: ni las ocupaciones son justificación para no orar, ni el ocio es garantía de oración.

¡Las ocupaciones no impiden la oración, ni el tiempo libre la garantiza!

En ese sentido, escribe Teresa a su hermano Lorenzo: *"Y no piense que cuando tuviera mucho tiempo tuviera más oración"*.[154]

Eres una persona de fe, ¿y no tienes quince minutos para "estar" con el Señor? Al Señor le encanta estar con nosotros, aunque terminemos crucificándolo. No es masoquismo: es amor.

Teresa dirá que el Señor casi nos suplica que nos estemos con él. ¿Para qué? Para sanarnos, bendecirnos, "regalarnos" (hacernos regalos).

---

[153] A. Bloom: *Comenzar a orar*, PPC, Madrid, 1980, p. 69.
[154] Cta. 2/I/1577.

Muchos piensan que su trabajo es oración. Según esta opinión, la fórmula sería: trabajo igual a oración. ¡No!

¡Trabajo es trabajo y oración es oración!

Se puede orar mientras se trabaja, pero el trabajo en sí mismo no es oración.

En ese sentido, cito al gran teólogo Schillebeeckx: *"Rezar por medio del contacto con los demás, ser 'contemplativo en la acción', es una realidad profundamente cristiana, pero es preciso que digamos que esta actitud es una pura ilusión si no le añadimos algunos momentos en los que estamos sencillamente 'con Dios' sin hacer nada"*.[155]

Es lo que hacía Jesús: compartía con las gentes, las sanaba, les transmitía el amor del Padre; pero siempre se retiraba a solas para orar, para intimar con su *Abba*.

Un tiempo especial, sólo para estar con el Señor, para hacer consciente su Presencia, es insustituible e innegociable.

Teresa de Jesús decía a sus monjas que ese tiempo para "estar con el Señor", sólo se excusaba debido a razones de obediencia o de caridad para con el prójimo.[156] ¿Por qué? Porque la finalidad de la vida espiritual en general y de la oración en

---

[155] E. Schillebeeckx: *Dios y hombre*, Sígueme, Salamanca, 1968, p. 237.
[156] Cfr. F 5.

particular es amar, vivir el amor misericordioso, que surjan "obras de amor".[157]

El criterio para saber si la oración fue buena o no, no puede ser de índole sensorial: "Sentí bonito, luego la oración fue muy buena". ¡No!

El criterio debe ser teologal, vital, y moral: si tengo más fe, amor y esperanza; si cambia mi vida para bien; si avanzo en las virtudes; si soy más misericordioso; si logro perdonar y sanar; entonces, esa oración fue muy buena, muy eficaz, aunque no haya sentido nada agradable.

Con frecuencia, la oración que duele, en la que se experimenta sequedad y un profundo vacío, en medio de la "noche"... es la más eficaz, la más sanadora.

---

[157] Cfr. 7M 4.

4.5.3. Condiciones psico-físicas:
"Tratando a solas".

Es importante, *"gran cosa"*,[158] acostumbrarnos a soledad para forjar en nosotros al orante. Una soledad revestida de silencio. Un silencio hecho escucha.

Soledad y silencio pedagógicos, para la escucha de nosotros mismos (nuestras voces interiores, nuestra verdad o falsedad) y del *Amado*; y desde esa escucha, comenzar un diálogo, "construir" una relación.

¡Cuánto nos cuesta el silencio! ¡Cuánto muerde y arde la soledad! No obstante, hemos de asumirlos, "sufrirlos", como terapia del espíritu que purifica y libera de tantos "accidentes" innecesarios de la existencia, capacitándonos para una comunión más profunda, humana y humanizante; con nosotros mismos, con el Señor y con los demás.

Jesús oraba, en parte, para colmar su profunda soledad interior. Sólo el Padre le llenaba totalmente.

¡Todos nosotros somos un abismo de soledad!

Ninguna persona puede llenar nuestra más profunda y radical soledad interior, existencial. ¡Sólo Dios!

---

[158] C 4, 9.

No podemos poner sobre hombros humanos la misión de colmar nuestra soledad más profunda. ¡Nadie, jamás, daría la talla suficiente!

La soledad es esencial a la oración. No hay oración sin soledad, aunque sea "soledad en compañía".

En palabras de Maximiliano Herráiz: *"La oración es siempre a solas. La oración exige la soledad. Y la crea. A ella conduce, y de ella surge. No puede darse oración sin soledad".*[159]

No se trata de la soledad como evasión, sino como presencia significativa. Hacernos presentes a alguien. Es un llamado a la intimidad.

Se trata de una soledad pedagógica. Medio para crear consciencia de la Presencia: *"Para que entendamos con quien estamos".*[160] ¡Es soledad para "estar" con Él!

Nietzsche, que no era creyente cristiano, pero sí observador de las personas, decía, con razón, que la madurez de una persona se puede medir por la cantidad de silencio y la capacidad de soledad que puede soportar consigo misma.

Usualmente tenemos miedo a la soledad. Nos cuesta mucho estar solos. ¿Por qué será? ¿A qué huimos realmente? ¿Qué encontramos en nuestra soledad que nos espanta tanto?

---

[159] M. Herráiz: *La oración, historia de amistad*, p. 145.
[160] C 24, 4.

4.5.4. Imagen de Dios:
"Con quien sabemos nos ama".

¿A quién le hablas cuando oras? ¿Quién es tu interlocutor? Esta es una realidad que hemos de clarificar siempre.

¡Dime cómo oras y te diré cómo es tu Dios!

Jesús oró de una manera particular en coherencia con su imagen del Padre.

Jesús no definió a Dios, simplemente lo invocó y se entregó. Pero esa entrega se sostenía en una confianza, en una profunda convicción y certeza: el inmenso amor del corazón del Padre.

Jesús descubrió a Dios como Padre; y, por consiguiente, oró como hijo. El *Padrenuestro* brota espontáneo[161] cuando existe la conciencia filial.

La "oración teresiana" emana de la experiencia de un Dios que ama humana y divinamente (*"humano y divino siempre juntos"*); con locura, incondicionalidad, misericordia, gratuidad y perseverancia a Teresa.

Teresa oró de una determinada manera porque tenía una determinada, y determinante, imagen de Dios.

¿Cómo es tu Dios?

¿En qué Dios crees, afectiva y efectivamente?

---

[161] El Padrenuestro es don y tarea, es una oración-proyecto, es una síntesis del Evangelio. Toda la esencia de la vida espiritual está contenida en esa oración.

¿Cuál es tu principal imagen de Dios?

¿Quién es el Dios de tu oración y de tu acción?

Quizá sea lo primero que haya que clarificar antes de orar.

4.6. ¿Cómo proceder en la oración?

Alguien me dirá: una vez que ya tenga reservado el tiempo para "estar" con Él, en un lugar adecuado, cuidando las condiciones psico-físicas, ¿qué hago? ¿Cómo procedo? Teresa nos da algunas sugerencias.

Pero antes, considero de rigor una aclaración.

La oración siempre es una experiencia vinculada muy estrechamente a las personas concretas.

No existe la "oración en sí", la oración en el aire, como una realidad abstracta; sino que, lo que existe siempre es la oración de alguien concreto.

La oración siempre es la "oración-de-alguien". Ese alguien tiene una historia determinada, una personalidad y psicología concretas.

Eso implicará que no a todos nos ayudará lo mismo. Tienes que encontrar tu propio modo de orar, de acuerdo a tu historia, sensibilidad, psicología, temperamento, cualidades, habilidades.

No sólo existe una manera o modo de oración. Teresa lo dirá lapidariamente: *"Hay muchos caminos en este camino del Espíritu".*[162]

Teresa era mentalmente muy dispersa, no lograba pensar, hilar ideas, meditar. Pero sí se le daba bien "recogerse" en su interior, afectivamente.

---

[162] F 5, 1.

Teresa era capaz de amar. De ahí que la oración teresiana (la oración hecha por Teresa) sea de "recogimiento interior". Es el tipo de oración que ella practicó, que la sanó y transformó. Es la oración que sugiere y propone.

¿En qué consiste la oración de "recogimiento"?

La oración de "recogimiento" parte de una convicción creyente: Dios me habita. Dios está en mí, muy dentro. Por lo tanto, para encontrarle y establecer el contacto con Él, no hay que "salir de sí", sino "entrar en sí".

Juan de la Cruz propondrá: salir para adentro. Emprender un viaje hacia nuestra propia interioridad.

Todo el libro de las *Moradas del Castillo Interior* de santa Teresa está estructurado desde esta convicción y su consecuente dinámica de interiorización. Dios está en el centro del alma.

Esto no es nuevo. No es invento de Teresa. El evangelista Juan hablará de la interioridad humana como morada de Dios: *"Si alguno me ama, guardará mi palabra, y mi Padre lo amará; y vendremos a él y haremos morada en él"*.[163]

En realidad, la Trinidad viene porque ya está dentro: ya vino, está. Por eso san Pablo afirmará que somos "templo del Espíritu Santo".[164] Por eso dice

---

[163] Jn 14, 23.
[164] Cfr. 1Cor 6, 19.

el Señor Jesús: *"Tú, en cambio, cuando vayas a orar, entra en tu aposento y, después de cerrar la puerta, ora a tu Padre, que está allí en lo secreto"*.[165]

Juan habla de la presencia del Padre y el Hijo en la morada interior. Pablo dirá lo mismo del Espíritu. En realidad, es toda la Trinidad la que nos habita espiritualmente.

Esta verdad de fe (la "inhabitación trinitaria") la hizo muy consciente, y ahondó experiencialmente, una santa carmelita francesa, Isabel de la Trinidad. En sus escritos podemos encontrar verdaderas joyas espirituales en ese sentido.

Hace años, documentándome para preparar una conferencia sobre el Espíritu Santo, leí un testimonio hermoso. Nos cuenta un autor cristiano del siglo II que Leónidas, papá del gran Orígenes (padre de la Teología), por las noches, mientras Orígenes siendo un niño dormía, le descubría muy despacio el pecho y estampaba un beso en él, pensando que era un templo en donde moraba el Espíritu Santo.

¡Esto es hermoso!

Este es el fundamento teológico de la oración de "recogimiento": Dios habita dentro, en mi centro. Por eso le busco dentro. Sólo puedo estar y vivir centrado si encuentro "mi centro". Mi centro es Él, habitándome.

---

[165] Mt 6, 6.

Teresa es una gran defensora, por testimonio y experiencia propia, de este modo de oración. Su defensa es clara: *"El Señor lo enseñe a las que no lo sabéis, que de mí os confieso que nunca supe qué cosa era rezar con satisfacción, hasta que el Señor me enseñó este modo; y siempre he hallado tantos provechos...".*[166]

Teresa se arriesga a dar plazos: *"En un año y quizá en menos saldréis con ello, con el favor de Dios. Mirad qué poco tiempo para tan gran ganancia".*[167]

¡Un año o menos! ¡Un año para centrarnos y recogernos!

Ya antes había dicho: *"Camina mucho en poco tiempo".*[168]

Hay que distinguir "recogimiento activo" de "recogimiento pasivo".

"Recogimiento activo" es algo natural. Por medio de una serie de recursos buscamos "entrar en nosotros", hacer consciencia de la propia interioridad. Es algo que podemos hacer nosotros. Intentamos "recogernos". ¡Por supuesto, no sin esfuerzo!

En palabras de Teresa: *"Entended que esto no es cosa sobrenatural, sino que está en nuestro*

---

[166] C 29, 7.
[167] C 29, 9.
[168] C 28, 5.

querer, y que podemos nosotros hacerlo con el favor de Dios".[169]

"Recogimiento pasivo" es algo sobrenatural. Es una gracia de Dios. No se puede provocar humanamente. Dios llama desde dentro y nos despierta a su Presencia en nuestro centro e interioridad.

Teresa y Juan de la Cruz hablarán de "un silbo" mediante el cual Dios nos recoge muy dentro. En palabras de Teresa: *"Tiene tanta fuerza este silbo del pastor, que desamparan* (los sentidos y las potencias del alma: memoria, entendimiento y voluntad) *las cosas exteriores en que estaban enajenados y métense en el castillo"*.[170]

Dios "impone" su Presencia. Se hace sentir y llama con la fuerza irresistible de su amor. Dice Teresa: *"Siéntese notablemente un encogimiento suave a lo interior"*.[171]

¡No nos "recogemos", somos "recogidos"!

¡No nos centramos: somos centrados!

Como el "recogimiento pasivo" no depende de nosotros, sino de Dios, no me detengo más en esa experiencia.

Centrémonos en lo que nos toca y podemos hacer, en el "recogimiento activo".

---

[169] C 29, 4.
[170] 4M 3, 2.
[171] 4M 3, 1.

¿Qué hago? ¿Cómo lo hago? Primero sorprendamos a Teresa orando (para ver cómo lo hacía ella) y luego pidámosle algunas pistas orientadoras para nuestra propia oración.

¿Teresa, cómo haces la oración de recogimiento interior? *"Procuraba lo más que podía traer a Jesucristo, nuestro Bien y Señor, dentro de mí presente; y ésta era mi manera de oración: si pensaba en algún paso le representaba en lo interior".*[172]

Teresa hacía consciencia de que Jesucristo la habitaba, lo pensaba e imaginaba dentro de sí. Pensaba en episodios de la vida del Señor Jesús e imaginaba la escena dentro de sí, se implicaba en el entramado: intervenía, hablaba, preguntaba, contemplaba, lloraba, pataleaba, callaba, acogía.

Para Teresa, un momento muy intenso y especial, en vistas al recogimiento interior, era la post-comunión eucarística: *"Mas sé de esta persona* (está hablando de ella misma) *que muchos años..., cuando comulgaba, ni más ni menos que si viera con los ojos corporales entrar en su posada al Señor..., desocupábase de todas las cosas exteriores cuanto le era posible y entrábase con Él".*[173]

¡Interesante!

Más adelante dirá: *"Si esto habéis de pedir mirando una imagen de Cristo que estamos*

---

[172] V 4, 7.
[173] C 34, 8.

mirando, bobería me parece dejar la misma persona por mirar el dibujo. ¿No lo sería, si tuviésemos un retrato de una persona que quisiésemos mucho y la misma persona nos viniese a ver, dejar de hablar con ella y tener toda la conversación con el retrato". [174]

Ciertamente, sería una estupidez centrarnos en una foto de la persona, teniendo a la misma persona delante.

E insiste: *"Más acabando de recibir al Señor, pues tenéis la misma persona delante, procurad cerrar los ojos del cuerpo y abrir los del alma y miraros al corazón; que yo os digo, y otra vez lo digo y muchas lo quería decir, que, si tomáis esta costumbre todas las veces que comulgaréis (...) que no viene tan disfrazado, que, como he dicho, de muchas maneras no se dé a conocer conforme al deseo que tenemos de verle; y tanto lo podéis desear, que se os descubra del todo".* [175]

¡Puede llegar un momento en que el Señor se nos descubra, superando el disfraz del pan!

Y tú, ¿qué haces después de comulgar? ¿En qué te centras, concentras o dispersas? ¿De qué estás pendiente: de la hora que es, lo mal y desafinado que canta el coro, de si fulano o fulana comulgan estando en una "situación de pecado"?

---

[174] C 34, 11.
[175] C 34, 12.

No pierdas el tiempo en esas cosas. Aprovecha la presencia física de Jesús. Él está físicamente visitándote.

Si no lo atiendes por fe, al menos hazlo por educación. En este sentido recuerdo la sugerencia de la fundadora de una congregación femenina a sus religiosas: *"Hijas mías, si no pueden ser santas, al menos sean educadas"*. ¡La espiritualidad también es cuestión de educación!

El 24 de agosto de 1562 Teresa fundó el monasterio san José, en Ávila. Primer monasterio de Carmelitas Descalzas.

Su testimonio orante cautivó a las hermanas de aquel lugar.

En cierta ocasión las monjas hicieron a Teresa una petición similar a la que los discípulos, fascinados por el Jesús orante, hicieron al Señor: *"Señor, enséñanos a orar"*.[176]

Para responder a sus hijas espirituales y hermanas de comunidad, Teresa escribe un libro: *Camino de perfección*.

¡Un auténtico manual para comunidades cristianas!

Camino de perfección en su segunda redacción (Teresa lo escribió dos veces) consta de 42 capítulos.

---

[176] Lc 11, 1.

Curiosamente, Teresa comienza a tratar explícitamente el tema de la oración aproximadamente a mitad del libro.

¿Sobre qué escribió la primera mitad?

Sobre las virtudes y disposiciones necesarias para ser "orantes" de verdad. Teresa no desea simplemente enseñar a rezar. Le interesa, sobre todo, forjar verdaderos orantes.

Escuchémosla a ella: *"Antes que diga de lo interior que es la oración, diré algunas cosas que son necesarias tener las que pretenden llevar camino de oración. (...). No penséis, amigas y hermanas mías, que serán muchas cosas que os encargaré, (...). Solas tres me extenderé en declarar (...): la una es amor unas con otras; otra, desasimiento de todo lo criado; la otra, verdadera humildad, que, aunque la digo a la postre, es la principal y las abraza todas"*.[177]

Para ser verdaderos orantes hace falta disposición para amar, tener libertad interior y ser humildes ("andar en verdad").

No hay que amar plenamente, ser absolutamente libres, ni perfectamente humildes, para orar (si así fuera, nadie podría orar); pero, al menos, hay que estar abiertos a crecer y madurar en amor, libertad y humildad.

La oración implica, y conlleva a, unas exigencias éticas, una transformación total de vida.

---

[177] C 4, 3-4.

La oración la conducta. Si es real, se tiene que notar en la vida. La transformación de vida será un criterio esencial para discernir la propia oración.

Teresa lo tenía muy claro: *"En los efectos y obras de después se conocen estas verdades de oración, que no hay mejor crisol para probarse"*.[178]

La primera condición ética es el *amor fraterno*.

Maximiliano Herráiz hace una observación muy interesante e importante: *"A quien le pide una palabra sobre el 'trato' con Dios, Teresa empieza enseñándole a 'tratar' con el prójimo"*.[179]

Según, 1Jn 4, 20: *"Si alguno dice 'amo' a Dios, y aborrece a su hermano, es un mentiroso"*. Si llevamos este texto bíblico al ámbito oracional, podemos parafrasearlo de la siguiente manera: si alguno dice hablo con Dios, pero no sabe hablar con sus hermanos, y les niega la palabra, es un mentiroso.

Por eso decía Estradé: *"Si alguien dice que se relaciona con Dios y no es capaz de mantener una relación sana con los hermanos, dice mentira"*.[180]

La segunda condición ética es la *libertad interior* ("desasimiento de todo lo criado"). Ser

---

[178] 4M 2, 8.

[179] M. Herráiz: *La oración, historia de amistad*, p. 127.

[180] M. Estradé: *Infraestructuras de la oración, Yermo*, 18, 1980, p. 22.

libres con respecto a personas y cosas. No apegarnos. Estar abiertos a superar las dependencias afectivas.

La oración es un camino de libertad, de liberación interior. La persona debe estar lo suficientemente libre como para entregarse y hacer la voluntad de Dios, sin condicionamientos ni reparos.

¡La maleta tiene que estar siempre preparada!

La tercera condición ética es la *humildad*. Para Teresa, "*humildad es andar en verdad*".[181]

La oración nos desnuda y nos pone en contacto con nuestra propia pobreza e indigencia interior. Supera toda prepotencia, orgullo, vanidad, soberbia.

"Andar en verdad" no significa que no se dicen mentiras. Significa que mi vida no sea una mentira.

¡Ser auténticos!

La oración nos desenmascara. Nos pone al descubierto.

¡Orar es estar desnudos ante Dios!

A estas tres actitudes, disposiciones y condiciones éticas, Teresa añade una cuarta: "*Determinada determinación*".[182]

---

[181] 6M 10, 8.
[182] CE 35, 2.

¡Fortaleza!

Para orar hay que estar determinados a hacerlo. Por eso, hay que responder honestamente una pregunta: de verdad, ¿deseas orar? ¿Estás dispuesto a luchar y superar los obstáculos y resistencias?

Encontraremos muchas resistencias internas y externas. Por eso es necesaria la determinación, la fortaleza, la resiliencia. Sólo así se puede perseverar en este camino. La determinación de orar se debe renovar cada día. ¡Cada vez que entramos en oración, es como comenzar de nuevo!

Teresa nos da algunas "pistas", para nuestra propia oración de recogimiento, en el capítulo 26 de *Camino de perfección*:

1. Hacer conciencia.

A quién le hablaré, quién es mi interlocutor (de ahí la importancia de la imagen de Dios), quién soy yo (conocimiento propio) y de qué hablaremos (temas).

En palabras de Teresa: "*Pensar y entender qué hablamos, y con quién hablamos, y quién somos los que osamos hablar con tan gran Señor...pensar esto y otras cosas semejantes de lo poco que le hemos servido y lo mucho que estamos obligados a servir es oración mental*". ¡Esto es muy importante!

Tenemos que comenzar situándonos: qué, quién, ante quién y sobre qué.

2. *Examen de conciencia.*

La revisión de vida: *"Examinación de la conciencia y decir confesión y santiguaros"*. Esto no es absoluto. Pero, podría ayudar.

3. *Ayudarnos de la imaginación.*

"Procura, luego, pues estás solo tener compañía... Representa al mismo Señor junto contigo y mira con qué amor y humildad te está enseñando... No estés sin tan buen amigo".

4. *El juego de las miradas.*

Mira cómo te mira. Buscar su mirada: *"No te pido ahora que pienses en él, ni que saques muchos conceptos, ni que hagas grandes y delicadas consideraciones con tu entendimiento; no te pido más que le mires: mira que te mira"*.

5. *Identificación de sentimientos y emociones.*

"Si estáis alegre, miradle resucitado; que sólo imaginar cómo salió del sepulcro os alegrará. (...). Si estáis con trabajos o triste, miradle camino del huerto; ¡qué aflicción tan grande llevaba en su

alma! (...). O miradle atado a la columna, lleno de dolores, todas sus carnes hechas pedazos por lo mucho que os ama: tanto padecer, perseguido de unos, escupido de otros, negado de sus amigos, desamparado de ellos, sin nadie que vuelva por él, helado de frío, puesto en tanta soledad, que el uno con el otro os podéis consolar. (...). Miraros ha él (es decir, Jesús te mirará) *con unos ojos tan hermosos y piadosos, llenos de lágrimas, y olvidará sus dolores por consolar los vuestros".*

Hermosa e interesante la intuición teresiana: Jesús se identifica contigo y con tu situación; por lo tanto, haz tú lo mismo. Búscate en Él. Esto es contrario a lo que solemos hacer y pensar.

Lo normal es que pensemos: "Bueno, como estoy triste debo pensar en su resurrección para alegrarme". Cuando vemos a alguien triste le decimos: "Cambia esa cara que el Señor resucitó".

Así, lo que hacemos es crear la conciencia de que el Señor no nos entiende, que nosotros vamos en una dirección y Él en la contraria, que no se identifica con nosotros.

Teresa dice "no". Ese no es el camino. Si estás triste Él se entristece contigo. Si estás alegre, Él se alegra contigo. Ella lo plantea de la manera inversa: identifícate tú con su sentir. Pero, en realidad, lo que esto hace es despertar la conciencia de que Él está conmigo, me acompaña, camina junto a mí y me comprende. Sobre todo esto último: ¡mi Señor puede comprenderme!

6. *Habla con el Señor, de ti, de tu vida, de tus heridas, de tus "penas".*

"No sólo le mires, sino hólgate de hablar con él, no oraciones compuestas, sino de la pena de tu corazón, que las tiene él en muy mucho. ¿Tan necesitado estás Señor mío y Bien mío, que quieres admitir una pobre compañía como la mía, y veo en tu semblante que te has consolado conmigo?".

Y así, estáte con Él...

4.7. Esquema oracional concreto.

A la luz de la propuesta teresiana y del esquema de la *lectio divina*, sugiero un esquema oracional en seis pasos: 1) preparación; 2) lectura espiritual; 3) meditación; 4) contemplación; 5) acción de gracias; y, 6) propósito.

Preparación.

La oración debe llegar a ser algo espontáneo (como el respirar), a modo de encuentro amistoso, sin más reglas que las propias del amor. No obstante, al principio de un itinerario orante se requiere una cierta preparación para adquirir un hábito. Esa preparación debe ser de dos tipos: remota y próxima.

Preparación remota.

La preparación remota es la disposición interior con que ha de vivirse durante todo el día para facilitar el tiempo explícito de la oración cuando llegue. La oración se prepara con la vida, así como la vida de prepara, equilibra, re-orienta, transforma y dispone con la oración.

El tiempo explícito de la oración, de *"estarse amando al Amado"*, del *"trato de amistad"*, del *"amar mucho"*, ha de ser deseado con *"ansias en amores inflamadas"*, como se desea ver a la persona amada, ya que *"la dolencia de amor no se cura, sino con la presencia y la figura"*.

El tiempo de oración no es un tiempo más. ¡No! Es "el tiempo". Es el espacio temporal en que todo pende de un ligero y denso lazo de amor; es el tiempo de la gracia, experiencia de salvación. Es historia de salvación encarnándose y haciéndose concreta para alguien: para ti.

En esta vida, que dispone remotamente a la oración, deben cuidarse, especialmente, los sentidos externos e internos. Si vivimos dispersos, pendientes de novedades, modas, vanidades, envueltos en músicas estridentes, conversaciones morbosas e innecesarias, chismes, murmuraciones, calumnias, lecturas superficiales, difícilmente podremos "recogernos" con el Amado en silencio y soledad.

Para ser orante de veras, toda tu vida debe constituirse en una disposición para ello. Habrá cosas, gustos, deseos, apetitos y apegos que nos cueste más dejar. De hecho, habrá hábitos tan arraigados en nosotros que con nuestra sola fuerza de voluntad no podremos vencer, superar, sanar. En estos casos más enraizados, será el mismo Dios (el Amado, el Amigo) quien nos vaya, en el mismo proceso de la oración, liberando.

Como pueden apreciar, la oración no es cuestión de un momentito en la presencia de Dios: ¡es cuestión de toda la vida!

Preparación próxima.

La preparación próxima es el tiempo intermedio entre la actividad que hacemos (trabajo, estudio, deporte, lectura, etc.) y nuestra entrada explícita a la oración. Este tiempo debe ser, por lo menos, de diez minutos. Aunque cada uno necesita más o menos tiempo (a discreción) para relajarse, soltar lo que hacía y disponerse para la oración.

Busca un ambiente adecuado, prepara un texto, escoge algún símbolo o imagen.

Esto es necesario, ya que, de lo contrario, perderemos el primer tiempo de "oración" en esta necesaria preparación y disposición.

Esta preparación puede hacerse en cualquier lugar de acuerdo a la sensibilidad y necesidades de cada uno.

Suele ayudar mucho cambiar de lugar (con respecto a la actividad anterior) para desconectar mejor.

¡Atención! La preparación no es todavía oración. La oración comenzará con la lectura de un texto espiritual (preferiblemente bíblico, al menos a los inicios) que ha de servir de base.

De hecho, una primera lectura del texto podría hacerse fuera de la oración, como preparación próxima, para ir preparando el terreno del corazón.

Lectura espiritual.

El acto mismo de la oración habrá de comenzar con una invocación al Espíritu Santo, sin cuya iluminación y presencia no podemos entrar en la presencia de Dios con el corazón y la mente dispuestos.

Sin su presencia y auxilio ni siquiera podemos decir con unción espiritual el nombre de Jesús. El Espíritu Santo siempre debe estar implicado.

Sólo quien está lleno del Espíritu puede penetrar en lo profundo de la oración.

En ese sentido, dirá san Pablo: *"El Espíritu viene en ayuda de nuestra flaqueza. Como nosotros no sabemos pedir como conviene, el Espíritu mismo intercede por nosotros con gemidos indescriptibles".*[183]

Sólo el Espíritu garantiza el diálogo entre Dios y la persona humana.

¡Toda oración cristiana es oración en el Espíritu!

Teresa de Jesús, también señala como conveniente santiguarse, hacer examen de conciencia y recitar el acto de contrición, como toma de conciencia de mi situación ante Dios. Pero esto dependerá de si ayuda o no al orante.

Lo importante es encontrar el propio ritmo. Teresa encontró el suyo en años de intensa lucha y nos acompaña hasta que cada uno de nosotros

---

[183] Rom 8, 26-27.

encuentre su propio ritmo: tiempos, lugares, itinerarios.

La lectura es prácticamente imprescindible para los que comienzan un itinerario orante serio y sólido, ya que será el punto de partida de la reflexión con que comienza la oración.

La lectura nos dará el contenido primero de la oración. Nos pondrá en camino para pensar, imaginar, entrar en el misterio de Dios, como a tientas, con sumo tacto y delicadeza.

¡Atención!: "Nos dará el contenido primero". No todo el contenido.

La lectura va a abrir el apetito, nos ayuda a establecer el contacto; después hay que dejarse sorprender, dejarse llevar.

Meditación.

Una vez hallado el punto de reflexión, empieza la meditación, tratando de ahondar en el sentido espiritual y la exigencia evangélica contenida en esa idea.

Tener muy presente lo siguiente: no se trata de una lectura intelectual. Se trata de una lectura que despierte el amor.

Para esta meditación es recomendable "entrar en sí", "recogerse en el interior", en *"la interior bodega de mi Amado"*.

Lo propio de la oración teresiana es el *"trato de amistad"* con *"quien sabemos nos ama"*; es la relación amistosa, afectiva, cálida.

Este *"trato de amistad"* me lleva a querer conformar mi voluntad con la del Amigo, hasta llegar a la unión de voluntades (querer lo que Él quiere).

Algunas sugerencias prácticas: representa al Señor en tu interior, imagínalo, piénsalo. Podría ayudar elegir alguna escena del evangelio.

Por ejemplo, imagina que tú eres la mujer (o el hombre) samaritana, ambos están junto al pozo, percibes su mirada, le pides agua viva; contempla alguna imagen de Jesús que te ayude a recogerte y centrarte; elige alguna frase que vayas repitiendo poco a poco y lentamente, hasta asumirla, meterla dentro, hacerla tuya, muy tuya.

Podrías recitar muy lentamente alguna oración, degustándola, saboreándola.

Contemplación.

Del diálogo con palabras hay que pasar al diálogo silencioso con el Amigo. Contemplarle, mirarle: *"Mira que te mira"*. Es el silencioso juego de las miradas de los enamorados que son confidentes.

Quédate en silencio exterior e interior, pendiente sólo de los labios y mirada amorosa del Señor. Es tiempo de escucha. De estar mudo y perseverante, dejando que "el Amigo" te trabaje en secreto.

Acción de gracias.

Haz consciencia de lo que el Señor ha obrado en ti en tu oración: de las luces y calor que te ha dado. Y agradécelo. Sería justo ser agradecidos.

Propósito.

No lo dejes todo en el aire (en suspenso). Hay que intentar aterrizar la experiencia y de acuerdo a lo que el Señor te ha inspirado, hacer algún propósito.

Lo más importante de la oración no es mi propósito, sino su don. Siempre se derrama alguna gracia.

Pero, también suele haber tarea para nosotros. Todo don de Dios, de alguna manera, llamará a alguna tarea humana.

Algunas preguntas podrían ayudar: ¿a qué te invitó el Señor? ¿Cómo vas a hacerlo? ¿Qué te corresponde hacer ahora?

Trata de hacer sólo un propósito. ¡Uno solo! Que sea algo muy concreto, vivible, practicable.

4.8. *Excursus*:
¿gimnasia espiritual u oración?

Las condiciones psico-físicas no son la esencia de la oración. Son recursos que deberían ayudar a serenarnos, centrarnos, despertar la conciencia de una Presencia amorosa. La esencia de la oración es el contacto vivo con Dios; el encuentro de dos libertades: una absoluta (libertad divina) y otra limitada y condicionada (nuestra libertad).

En la actualidad, muchas personas limitan el tiempo de la oración explícita, personal o grupal, a lo que podríamos llamar "gimnasia espiritual": posturas, respiraciones, olores, técnicas de relajación…

Por supuesto que todo eso podría ayudar. Pero, no podemos pretender hacer de la oración un conjunto de técnicas y posturas físicas; porque entonces, ya no sería oración cristiana.

Mediante técnicas y métodos, alguien podría lograr concentrarse, adquirir una postura exquisitamente cómoda, respirar suave y serenamente, aquietar el fluir caótico de los pensamientos… pero, eso no es oración. Podría ser la antesala, pero no la realización.

No confundamos los medios con los fines. Todos los recursos orantes, de la índole que sean, son sólo medios para alcanzar la finalidad fundamental: establecer el contacto con Dios.

La oración es, entre otras muchas cosas, una relación de amistad con Dios. Cuando un amigo me visita, no me paso todo el tiempo acomodándome físicamente. No le digo: "Espera un poco, porque tengo que relajarme, serenarme y adquirir una postura adecuada para poder luego hablar contigo". Y resulta que el amigo vino a verme una hora, de la cual pasé cincuenta minutos acomodándome y buscando la postura más adecuada. ¡Qué desperdicio!

Por supuesto que si deseo hablar con el amigo de algo muy importante, y la vida siempre lo es, no lo haré de cualquier manera, en medio del bullicio ensordecedor de maquinarias trabajando y músicas estridentes. Se buscará un lugar más o menos adecuado. Lo mismo para el diálogo con el "divino amigo"; sin olvidar que la esencia de la oración es otra cosa.

Conozco muchas personas que, fascinadas por el exótico mundo de las "espiritualidades orientales",[184] hacen mucha "gimnasia espiritual", pero muy poca oración.

---

[184] Referentes a religiones orientales y basadas en técnicas de relajación, liberación y concentración mental, etc. Recomiendo leer la carta de la Congregación para la Doctrina de la Fe "La oración cristiana: encuentro de dos libertades", del 15 de octubre (simbólicamente fiesta de santa Teresa de Jesús) de 1989. Es una carta aprobada por Juan Pablo II y firmada por el entonces Prefecto de esa congregación vaticana, el cardenal Joseph Ratzinger, Benedicto XVI. Allí está la postura oficial, doctrinal y pastoral, de la Iglesia ante las técnicas orientales de meditación: yoga, zen, etc.

A MODO DE CONCLUSIÓN
¡Tomar decisiones!

Tras la lectura de este libro no sé con qué sensación te quedas. ¡Ojalá te hayas quedado deseando más! Y, ciertamente, ¡habrá más! Pero, no vayamos con tantas prisas. Antes de pasar al siguiente libro, necesitamos digerir, degustar y asimilar éste.

¡Necesitas tomar algunas decisiones!

Primero, ¿deseas sanar? ¿Vas a comenzar, seria y decididamente, el proceso de sanación interior profunda?

Segundo, ¿retomarás o afianzarás tu relación personal con Jesús? ¿Te harás amigo íntimo y personal de Jesús? ¿Leerás los evangelios? ¿Tomarás a Jesús por modelo y guía? ¿Deseas ser tan exquisitamente humano como Él?

Tercero, ¿convertirás tus heridas en perlas preciosas? ¿cuál herida elegiste para convertirla en perla? ¿Cómo harás de tu herida más profunda tu apostolado más eficaz?

Cuarto, ¿comenzarás, afianzarás o retomarás una disciplina oracional de, al menos, quince minutos diarios? ¿Practicarás la oración de recogimiento interior? ¿Harás *lectio divina*?

Quinto, ¿buscarás un acompañante espiritual? ¿Irás a terapia psicológica?

173

Trata de responder a las anteriores preguntas de manera concreta, práctica y factible. Lo importante será comprometerte con aquello que respondas y elijas.

¡No olvides!

¡Fuego Sanador!
Terapia de la "noche oscura"

¡Espera por ti!

Para cualquier comentario, duda, sugerencia, solicitud o inquietud, me pueden escribir a:

sanandoheridasra@gmail.com

¡Ofrecemos acompañamiento espiritual, retiros, conferencias, charlas, talleres…!

BIBLIOGRAFÍA

Obras de referencia:
DE FIORES, Stefano y GOFFI, Tullo (Dirs.): *Nuevo diccionario de espiritualidad*, T. de E. Requena, A. Ortiz, J. Aguirre, E. Varona y F. Ares, San Pablo, Madrid, 1991, 5ª ed.
DI BERARDINO, Ángelo (Dir.): *Diccionario patrístico y de la antigüedad Cristiana*, T. de A. Ortiz García y J.M. Guirau, Verdad e Imagen 98, Sígueme, Salamanca, 1998, 2ª ed.
FEINER, Johannes y LÖHRER, Magnus (Dirs.): *Mysterium salutis. Manual de teología como historia de la salvación*, T. de M. Villanueva Salas, Cristiandad, Madrid, 1981, 3ª ed.
JUAN DE LA CRUZ: *Obras completas*, EDE, Madrid, 1993, 5ª ed.
LEÓN-DUFOUR, Xabier: *Vocabulario de teología bíblica*, T. de A. Ros, Biblioteca Herder, Sagrada Escritura 66, Herder, Barcelona, 1967.
ROSSANO, Pietro; RAVASI, Gianfranco y otr. (Dirs.): *Nuevo diccionario de teología bíblica*, T. de E. Requena y A. Ortiz, Paulinas, Madrid, 1988.
TERESA DE JESÚS: *Obras completas*, EDE, Madrid, 2000, 5ª ed.

Monografías y estudios:
ALFARO, Juan: *Cristología y antropología,* Cristiandad, Madrid, 1973.
BÁEZ, Silvio José: *Cuando todo calla. El silencio en la Biblia,* EDE, Madrid, 2009.
BELTRÁN, Fernando: *La contemplación en la acción. Thomas Merton,* San Pablo, Madrid, 1996.
BIANCHI, Enzo: *Orar la Palabra,* Monte Carmelo, 2000.
BUCAY, Jorge: *El camino de las lágrimas,* Océano, México DF, 2010, 4ª ed.
BUSTO SAIZ, José Ramón: *El sufrimiento ¿roca del ateísmo o ámbito de la revelación divina?,* Lección inaugural del curso académico 1998-1999, Comillas, Madrid, 1998.
CASTILLO, José María: *Dios y nuestra felicidad,* Biblioteca Manual Desclée 29, Desclée De Brouwer, Bilbao, 2001.
CENCILLO, Luis: *La comunicación absoluta. Antropología y práctica de la oración,* San Pablo, Madrid, 1994.
CODINA, Víctor: *Creo en el Espíritu Santo. Pneumatología narrativa,* Presencia teológica 78, Sal Terrae, Santander, 1994.
CONGAR, Yves: *El Espíritu Santo,* T. de A. Martínez, Herder, Barcelona, 1983.
DREWERMANN, Eugen: *Lo esencial es invisible. El Principito de Saint-Exupéry: una interpretación psicoanalítica,* Herder, Barcelona, 1994.

DUPUIS, Jacques: *Hacia una teología cristiana del pluralismo religioso*, T. de R.A. Díez Aragón y M.C. Blanco Moreno, Presencia teológica 103, Sal Terrae, Santander, 1997.

DUPUIS, Jacques: *El cristianismo y las religiones. Del desencuentro al diálogo*, T. de M.C. Blanco Moreno y R.A. Díez Aragón, Presencia teológica 121, Sal Terrae, Santander, 2002.

ESPEJA, Jesús: *Jesucristo. La invención del diálogo*, Verbo Divino, Navarra, 2001.

ESPEJA, Jesús: *Jesucristo. Ampliación del horizonte humano*, Trazos 2, San Esteban, Salamanca, 2002.

ESTRADÉ, Miguel: *En torno a la oración*, Narcea, Madrid, 1979, 2ª ed.

FERNÁNDEZ, Víctor Manuel: *40 Formas de Oración Personal*, Dabar, México DF, 1999.

FORTE, Bruno: *Teología de la Historia. Ensayo sobre revelación, protología y escatología*, T. de A. Ortiz García, Verdad e Imagen 133, Sígueme, Salamanca, 1995.

FORTE, Bruno: *Trinidad como historia. Ensayo sobre el Dios cristiano*, T. de A. Ortiz, Verdad e Imagen 101, Sígueme, Salamanca, 1996, 2ª ed.

GARCÍA LÓPEZ, Félix: *El Decálogo*, Cuadernos Bíblicos 81, Verbo Divino, Navarra, 2000, 3ª ed.

GARCÍA, José (Ed.): *Dios, amor que desciende. Escritos espirituales de Karl Rahner*, Pozo de Siquem 235, Sal Terrae, Santander, 2008.

GELABERT BALLESTER, Martín: *Jesucristo, revelación del misterio del hombre. Ensayo de antropología teológica*, San Esteban-EDIBESA, Salamanca-Madrid, 1997.

GONZÁLEZ-CARVAJAL, Luis: *Los signos de los tiempos. El Reino de Dios está entre nosotros*, Presencia teológica 39, Sal Terrae, Santander, 1987.

GREEN, Thomas: *Cuando el pozo se seca. La Oración más allá de los comienzos*, Sal Terrae, Santander, 1999.

GUERRA, Augusto: *La oración tentada*, EDECA, Santo Domingo, 1995.

GUERRA, Augusto: *Oración cristiana. Sociología-Teología-Pedagogía*, EDE, Madrid, 1984.

HERRÁIZ, Maximiliano: *La oración, historia de amistad*, EDE, Madrid, 1981.

KASPER, Walter: *El Dios de Jesucristo*, T. de M. Olasagasti, Verdad e Imagen 89, Sígueme, Salamanca, 1985.

LAFRANCE, Jean: *El rosario. Un camino hacia la oración incesante*, Narcea, Madrid, 1992, 3ª ed.

LATOURELLE, René: *El hombre y sus problemas a la luz de Cristo*, T. de A. Ortiz García, Verdad e Imagen 84, Sígueme, Salamanca, 1984.

LATOURELLE, René: *Teología de la revelación*, T. de J.L. Dominguez Villar, Verdad e Imagen 49, Sígueme, Salamanca, 1999, 10ª ed.

LENK, Martin: *Buscando a Dios. Piezas para una teología filosófica*, Pensamiento y Vida 3, Ediciones MSC, Santo Domingo, 2013.

MAROTO, Daniel de Pablo: *Teresa en oración*, EDE, Madrid, 2004.

MARTINI, Carlo María: *¿Qué belleza salvará al mundo?*, Verbo Divino, Navarra, 2000.

MELLONI, Javier: *Vislumbres de lo real. Religiones y revelación*, Herder, Barcelona, 2007.

MUÑOZ, Ronaldo: *Dios de los cristianos*, Cristianismo y Sociedad 4, Paulinas, 1987.

NIETZSCHE, Friedrich: *Así habló Zaratustra*, Clásicos de la literatura, Edimat, Madrid, 2005.

PAGOLA, José Antonio: *La oración de Cristo y la oración de los cristianos*, Centre de Pastoral Litúrgica, Barcelona, 2006.

PANNENBERG, Wolfhart; RENDTORFF, Rolf y otr.: *La Revelación como historia*, Verdad e Imagen 46, Sígueme, Salamanca, 1977.

RAHNER, Karl: *Palabras al silencio*, Verbo Divino, Navarra, 1981.

RATZINGER, Joseph: *Introducción al cristianismo*, T. de J.L. Domínguez Villar, Verdad e Imagen 10, Sígueme, Salamanca, 1996, 8ª ed.

RUIZ DE LA PEÑA, Juan Luis: *Imagen de Dios. Antropología teológica fundamental*, Presencia teológica 49, Sal Terrae, Santander, 1988, 2ª ed.

SCHILLEBEECKX, Edward: *Los hombres relato de Dios*, T. de M. García-Baró, Verdad e Imagen 130, Sígueme, Salamanca, 1995.

SCHLOSSER, Jacques: *El Dios de Jesús. Estudio exegético*, T. de A. Ortiz, Sígueme, Salamanca, 1995.

ŠPIDLÍK, Tomáš: *Orar con el corazón. Iniciación a la oración*, Monte Carmelo, 2003.

STEGGINK, Otger: *Sin amor... todo es nada*, EDE, Madrid, 1987.

THEISSEN, Gerd y MERZ, Annette: *El Jesús histórico*, T. de M. Olasagasti, Biblioteca de Estudios Bíblicos 100, Sígueme, Salamanca, 2000, 2ª ed.

TERESA DE LISIEUX: *Historia de un alma*, Colección Karmel 26, Monte Carmelo, Burgos, 1995.

TORRES QUEIRUGA, Andrés: *La revelación de Dios en la realización del hombre*, Cristiandad, Madrid, 1986.

TORRES QUEIRUGA, Andrés: *Creo en Dios Padre. El Dios de Jesús como afirmación plena del hombre*, Presencia teológica 34, Sal Terrae, Santander, 1986.

VON BALTHASAR, Hans Urs: *Sólo el amor es digno de fe*, T. de C. Vigil, Verdad e Imagen minor 8, Sígueme, Salamanca, 1999, 5ª ed.

WARREN, Rick: *Una vida con propósito*, Vida, Miami, 2002.

Documentos eclesiales:
VATICANO II: Constitución dogmática *Dei verbum*, sobre la divina Revelación.
JUAN PABLO II: Carta encíclica *Fides et ratio*, sobre las relaciones entre la fe y la razón, Amigo del Hogar, Santo Domingo, 1999, 2ª ed.
BENEDICTO XVI: Carta encíclica *Deus caritas est*, sobre el amor cristiano, Paulinas, Madrid, 2006.
FRANCISCO: Exhortación apostólica *Gaudete et exsultate*, sobre la llamada a la santidad en el mundo contemporáneo, 19 de marzo de 2018. Fuente: http://w2.vatican.va/content/francesco/es/apost_ex hortations.index.html.
Catecismo de la Iglesia Católica, promulgado por Juan Pablo II mediante la constitución apostólica *Fidei depositum*, Librería Editrice Vaticana, 1992.